La tecnología al servicio de las personas:

e-hr

BIBLIOTECA AEDIPE DE RECURSOS HUMANOS
Director: MIGUEL ORDÓÑEZ ORDÓÑEZ

El proyecto editorial de la Biblioteca Aedipe de RR.HH. surgió por iniciativa de la junta directiva de Aedipe-Agrupación Centro y con vocación de servicio hacia todos los asociados de Aedipe.
Una vez aprobado el proyecto por Aedipe Nacional, continúa siendo coordinado por Aedipe Agrupación Centro en colaboración con todas las agrupaciones territoriales que constituyen la asociación.

BIBLIOTECA

AEDIPE

DE RECURSOS HUMANOS

La tecnología al servicio de las personas: e-hr

COORDINADO POR

Carlos Pelegrín Fernández López

PRÓLOGO DE

Carlos Vidal

CON EL PATROCINIO DE

PEARSON Prentice Hall

AEDIPE

accenture

High performance. Delivered.

La tecnología al servicio de las personas: e-HR

Ribera del Loira, 28
28042 Madrid

ISBN: 84-205-4328-4
Depósito Legal: M- 43.923-2.004

Edición: Adriana Gómez-Arnau
Técnico editorial: Mónica Santos
Equipo de producción:
Dirección: José Antonio Clares
Técnico: Diego Marín
Fotografía de cubierta: © Photonica
Diseño de la Colección: Equipo de Diseño de Pearson Educación, S. A.
Composición: COPIBOOK, S. L.
Impreso por: RIGORMA GRAFICA, S.A.

IMPRESO EN ESPAÑA - PRINTED IN SPAIN

Este libro ha sido impreso con papel y tintas ecológicos

Contenido

ÍNDICE DE AUTORES

- Aguirre de Cárcer y Moreno, Jaime
  Director de RRHH de Ferrovial
  Licenciado en Derecho por la Universidad Complutense de Madrid
  MBA por ICADE
- Cabrera Izquierdo, Ángel
  Presidente de Thunderbird, The Garvin School of Internacional Management
  Ingeniero de Telecomunicaciones por la Universidad Politécnica de Madrid
  Doctor en Psicología por Georgia Institute of Technology
- Calama Teixeira, Miguel Ángel
  Director General de la Caja Rural de Ciudad Real
  Licenciado en Derecho por la Universidad Complutense de Madrid
  Master en Derecho Internacional por CEU
- Casado González, José Manuel
  Socio de Human Performance de Accenture
  Sociólogo Industrial.
  Master en Organización y Dirección de RR.HH. por IESE
- Dal-Re Compaire, Fernando
  Director de RRHH y Calidad de Grupo Antolín
  Ingeniero de Caminos, Canales y Puertos
- de Zulueta Greenebaum, John
  Presidente de Sanitas
  Licenciado en Historia Contemporánea por la Universidad de Stanford
  MBA por Escuela de Negocios de la Universidad de Columbia
- Fajardo Lupiáñez, Plácido
  Director General de RRHH de Telefónica de España
  Licenciado en Derecho
  PDD por IESE
- Fernández López, Carlos Pelegrín
  Director de Desarrollo y Formación de Telefónica de España
  Licenciado en Ciencias Empresariales por la Universidad Autónoma de Madrid
  MBA por IADE
- Fernández Martínez, Jesús María
  Consejero Delegado de Grupo Vedior

- González García, Iván
  Jefe de Desarrollo de RRHH de Ferrovial
  Licenciado en CC. Políticas y Sociología por la Universidad Complutense de Madrid
  Master en Dirección de RRHH por ESIC
- Mántel de Ferreira, Patricia
  Directora de Desarrollo de RRHH de Repsol YPF
  Licenciada en Relaciones Industriales por la Universidad de Buenos Aires
- Medina Carillo, Germán
  Director Corporativo de Endesa
  Licenciado en Derecho por la Universidad de Granada
  Diplomado en Administración y Dirección de Empresas
- Quintanilla Rojo, Eladio
  Gerente de la Subdirección General de la Tesorería General de la Seguridad Social
  Licenciado en Ingeniería Informática por la Universidad Complutense de Madrid
- Sánchez Navarrete, Luis
  Director de Desarrollo y Políticas Corporativas del BBVA
  Licenciado en Derecho por la Universidad Complutense de Madrid
- Talavante Madroñal, José Luis
  Jefe de e-Recursos Humanos de Telefónica de España
  Licenciado en Psicología del Trabajo y de las Organizaciones por la Universidad Complutense de Madrid
- Vidal Amador de los Ríos, Carlos
  Presidente de ACCENTURE
  Licenciado en Económicas por la Universidad Complutense de Madrid

PRÓLOGO

1. El porvenir

1.1. El final del túnel

La zozobra y el desasosiego que vivimos es fruto de un mundo que parece haberse vuelto medio loco. En los últimos años hemos vivido acontecimientos que nunca podríamos habernos imaginado y que han sacudido nuestra razón, vulnerado nuestra interpretación de la realidad y, en muchos casos, desatado nuestros más dolorosos sentimientos.

Hace apenas cuatro años una «e» especial, la de la electrónica, ocupaba el centro de todas nuestras estrategias empresariales. Parecía que la economía tradicional daba sus últimos suspiros de vida y era sucedida por su heredera llamada *eEconomy* que, aún sin dibujar la silueta de lo que sería de mayor, deslumbraba y cautivaba los bolsillos de la mayoría de las empresas. Nadie quería perderse su puesta de largo y todas las compañías invirtieron grandes sumas de dinero en la educación de esta efímera figura que de pronto desapareció sin despedirse y mucho antes de alcanzar su mayoría de edad. Atrás quedaron esos «padrinos», que cariacontecidos comenzaron a aceptar o justificar el terrible error de cálculo que habían cometido.

Poco después, primero Japón y posteriormente, de manera más grave Argentina, eran presas de una enfermedad económica llamada crisis. El mundo comenzó a tener miedo, a pesar de que parecían no existir suficientes factores estructurales que justificasen esa pérdida de esperanzas. Una vez más se cumplía la profecía de Franklin Delano Roosevelt de que «a lo que realmente hay que tener miedo es al miedo». Este temor se apoderó de nuestras mesas de despachos y acarreó inhibiciones de todo tipo, no sólo en inversiones, sino también en el propio consumo. Una vez más se confirmaba que la ciencia económica es, por encima de todo, una disciplina cuyos ingredientes fundamentales son las expectativas y los comportamientos asociados de la gente.

El 11 de septiembre de 2001, los norteamericanos asistían atónitos y en directo a un dantesco espectáculo: veían cómo miles de paisanos morían en los edificios más emblemáticos de sus estados. El mundo entero resultó conmocionado al servirnos la televisión imágenes de personas desesperadas saltando al vacío desde las emblemáticas Torres Gemelas del World Trade Centre.

La Bolsa se desplomó, comenzó la guerra de Afganistán, luego vino la de Irak que puso de manifiesto la debilidad de un orden supranacional que de pronto se convirtió en un gigante con pies de barro. Sentimos la debilidad de un orden político mundial que estaba acabando con la confianza económica. El 11 de marzo de 2004, el mismo orden se vio de nuevo vapuleado. En este caso, la amarga experiencia la vivió nuestro país, y el mundo fue, una vez más, testigo *on line* de un acontecimiento terrorífico.

Pero es precisamente ahora, cuando el propio Bin Laden ha puesto precio a la cabeza de Kofi Annan, secretario general de la ONU, cuando todavía no sabemos cuál será la escena final de la película dramática que se rueda en Irak y cuando aún no conocemos cómo se mueve un nuevo enemigo invisible, cuya única pista es el rastro de sangre que deja, cuando la empresa comienza a recuperar su confianza y parece decidida también a recuperar su sentido etimológico e inicia una nueva «emprenda» o aventura, a pesar de una incertidumbre que, a buen seguro, será nuestra compañera para el futuro. Comienza a vislumbrarse el resplandor al final de un túnel, en el que la empresa ha estado atrapada los últimos años, y empieza a apreciarse una cierta confianza, síntoma de inicio de un nuevo ciclo.

1.2. La nueva concepción del tiempo

Otro de los rasgos que caracterizan la situación actual es la rapidez con que se producen los acontecimientos. Hasta hace muy poco las empresas tenían un cierto tiempo para responder; progresivamente éste se ha ido reduciendo, hasta tal punto que las organizaciones tienen que tomar decisiones de manera cada vez más rápida sabiendo que en muchas ocasiones tendrán que corregir posteriormente. Las leyes del mercado demandan a las empresas una capacidad de respuesta rápida, inmediata, instantánea.

Esta velocidad la apreciamos en cualquier ámbito. La obsolescencia de los servicios se precipita, los ciclos de vida de los productos comienzan a contarse por semanas o días y el conocimiento se deprecia por minutos.

En este sentido, Sun Microsystems estima que el 20 por ciento del conocimiento generado en el interior de su compañía queda anticuado en menos de un año. Hewlett-Packard, por su parte, señala que la mayor parte de sus beneficios proceden de productos que no existían hace un año; algo que también manifiesta 3M. En 1996, Sony sacó al mercado más de 5.000 productos nuevos, más de dos productos nuevos por cada hora de trabajo. Como dice el futurólogo Alvin Toffler «las economías de velocidad sustituyen a las economías de escala»[1].

La celeridad que toman los acontecimientos nos desborda, y en ocasiones el vértigo nos hace errar en la toma de las decisiones. Pensemos en Internet, un invento científico utilizado desde los ochenta para conectar diferentes centros de investigación y defensa. En apenas seis o siete años, y sin que nadie lo pronosticara, casi se ha convertido en una herramienta doméstica, utilizada por más de 600 millones de personas. En su momento, la imprenta tardó casi 400 años en ser aceptada comúnmente, el teléfono debió esperar tres cuartos de siglo para que lo usaran millones de personas, la radio no fue escuchada masivamente hasta 30 años después de su lanzamiento; la televisión fue utilizada masivamente en un tiempo mucho menor, y su hermana, la televisión por cable, apenas tardó cuatro o cinco años en ser aceptada por un numeroso universo.

La difusión de los nuevos medios es global y la información, más accesible y cercana, puede llegar a cualquier rincón del planeta de forma fácil e inmediata. Trasladar conocimientos, información o experiencias es ahora una tarea transparente y rápida que confiere al cambio mayor alcance y posibilidades. La nueva realidad es que sus consecuencias se aprecian antes y afectan a un mayor número de personas en menor tiempo.

En una sociedad que se vive en directo y de producción individualizada, de continuas mejoras e innovaciones, de reducción de los ciclos de vida de los productos, de la sobreproducción y de la abundancia, todo se queda anticuado casi de inmediato.

---

[1] TOFFLER, ALVIN y HEIDI. *Creating a New Civilization: The Politics of the Third Wave,* Progress & Freedom Foundation, 1994.

1.3. El modelo empresarial de la economía de ahora

Algunos hablan de la Nueva Economía, para referirse a la economía de hoy; a esa nueva ciencia del comportamiento humano que ha aprendido de experiencias pasadas y que conjuga la realidad y las bases de la economía tradicional con las nuevas expectativas.

Es evidente que en la era del acceso, de los e-Lancer y de la conectividad, el centro de gravedad de la Nueva Economía no es la organización, sino el individuo; y su imaginación creatividad y capacidad de innovación son y serán las competencias críticas para el futuro.

Quizá por ello, las grandes empresas son integradas cada vez menos verticalmente y recurren a proveedores externos, con lo que el control directo que efectúa la gran empresa es cada vez menor y la responsabilidad se desliza aguas abajo de la jerarquía típica. Se recompensa al individuo no porque ejecute bien un cometido, sino porque se anticipa sobre lo que debe hacer. Numerosas grandes empresas industriales se dividieron en multitud de unidades independientes, tratándose las unas con otras como sociedades separadas.

Los principios y técnicas de la era industrial hicieron posibles y más ventajosas las transacciones internas favoreciendo la centralización de la empresa. Era económico controlar funciones, actividades y tareas diferentes directamente. La estructura multidivisional de Alfred Sloan de General Motors[2] funcionó a las mil maravillas hasta finales de los ochenta y principios de los noventa. El tamaño y la dimensión parecía no sólo ser una ventaja, sino un deseo; lo *big* era *beautiful*.

Pero con la convergencia de las comunicaciones, los ordenadores y los contenidos la ecuación económica cambia totalmente. En cuanto la información puede transmitirse instantáneamente, a un coste mínimo, por todas partes y lugares, el centralismo y la burocracia pierden todo su trasnochado valor y lo «small» se convierte ahora en «beautiful».

---

[2] Brown, Crainer, Dearlove y Rodrigues. *Business Minds*, Prentice Hall, Madrid, 2002.

Las empresas han comenzado a realizar lo que hizo hace años Hollywood[3]. Desde 1920 hasta 1950 la industria cinematográfica era controlada por grandes emporios de producción. Estudios como los de Columbia, Warner Brothers, Paramount, Metro Golden Mayer y Twentieth Century Fox dominaban el mercado. Eran gigantescas estructuras que empleaban a todo el personal necesario para producir el total de la película. Era el modelo de gran empresa industrial: lo hacían absolutamente todo. La industria del cine se apoyaba en los principios de la manufactura «fordista»[4]. Las películas se producían al modo de los automóviles que salían de la línea de montaje. La Universal Film Manufacturing Company[5], una de las pioneras en este campo, producía más de 250 películas cada año y éstas se vendían por la cantidad de metros y no por el contenido, reflejando así un modo de operación vinculado a la producción en masa.

En 1944, los grandes estudios obtuvieron el 73 por ciento de todos los beneficios del cine nacional estadounidense y eran propietarios y arrendatarios de cerca de 4.500 salas. Un par de años después la asistencia al cine alcanzó su máximo: más de 90 millones de entradas vendidas por semana.

Hacia finales de los cincuenta se produjeron dos cambios que zarandearon el modelo e hicieron entrar en crisis a la industria. Por un lado, la Corte Suprema de Estados Unidos, intentando luchar contra el monopolio, forzó a los grandes estudios a desprenderse de parte de las grandes cadenas de salas de exhibición; por otro, la aparición de la televisión invitaba a los espectadores a quedarse en el salón de sus propios hogares. Miles de individuos empezaban a preferir estar en casa antes que ir al cine a ver un programa casi menos divertido que el espectáculo que les ofrecía la naciente y chocante televisión.

Los ingresos por entradas se redujeron más de un 40 por ciento, la audiencia disminuyó a la mitad y los beneficios de los grandes estudios se reduje-

---

[3] Benjamín, B.: *History of Information Networks*, Nueva York, Elsevier Science Publishing, 1992.

[4] Hace unos ochenta años, cuando se fundó Ford, la compañía trataba de controlar todos los elementos de la producción. Disponía de minas para tener metales, de plantaciones de caucho para los neumáticos, etc. ¿Conoce cómo opera ahora? No tiene nada que ver.

[5] Gladwell, M.: *La Frontera del Éxito*, Espasa Hoy. Madrid, 2001.

ron en un 50 por ciento. Enfrentada a la reglamentación y a una competencia feroz y creciente por el nuevo medio que era la televisión, la industria del cine respondió modificando su tradicional forma de hacer películas. Fueron conscientes de que tenían que cambiar. Se dieron cuenta de que no podían sobrevivir operando y ofreciendo los mismos productos. Se plantearon producir menos películas pero mucho más atractivas, entretenidas y divertidas. Era un nuevo método de trabajo más elaborado y caro, lo que hacía que se necesitasen mayores inversiones de financiación. Se comenzaba así a perfilar un nuevo modelo de producción de filmes más individuales que intentaba hacer de cada película una experiencia cinematográfica única.

Los estudios más grandes comenzaron a dividirse en pequeñas organizaciones especializadas y empezaron a subcontratar personal y servicios para cada proyecto en particular. Proliferaron las compañías independientes altamente especializadas y el diseño desplazó a la producción.

En nuestros días los grandes estudios que siguen activos hacen *outsourcing* y raramente producen películas por sí mismos. Por el contrario, financian y subcontratan empresas especializadas formando una especie de gran red que ellos gestionan mediante la dirección del proyecto. La habilidad de los gestores de estos estudios de cine ha cambiado sustancialmente, ahora su valor está en realizar la mejor gestión de cada proyecto o película. Guionistas, reparto, atrezzo, ambientación, mezcla, edición, sonido, montaje, … todo ello es realizado por empresas independientes.

La mayoría de las empresas de este nuevo milenio deberán hacer algo parecido. Adelgazar su estructura central y subcontratar todo aquello que otros hagan mejor que ellos (con más calidad, rapidez y menor coste). Se convertirán en nodos de interacción en el que la innovación será el factor determinante para el éxito empresarial. La idea de Max Weber de «organización», entendida como estructura relativamente fija con reglas y procedimientos establecidos, comienza a desintegrarse.

Estoy convencido de que en este mundo de cambio acelerado y constante las organizaciones tienen que ser de naturaleza más proteica; capaces de cambiar su aspecto y forma, en el momento preciso, para adaptarse a las nuevas condiciones económicas. Algo que no podrán hacer sin imaginación e innovación, dos caras de la única moneda, de curso legal, para el éxito empresarial.

1.4. La necesidad de innovación

En un mundo ilustrado y veloz, de acceso rápido a la información y de interacción permanente, en el que el individuo está en el centro del negocio, la capacidad innovadora en las respuestas se torna en factor crítico para la supervivencia empresarial.

Lo que dos de los más insignes gurús del *management*, como son Drucker y Deming, vienen repitiéndonos de manera permanente: «las dos únicas funciones que deben cumplir las empresas son generar valor e innovar», es hoy más necesario que nunca. La innovación precede a la creatividad y ésta es fruto de la imaginación que no está precisamente en las máquinas, sino en las personas. Imaginación es un concepto estrechamente relacionado con la innovación; podríamos incluso decir que es el requisito para la innovación; y la innovación, en esta época de agitación de creencias, de replanteamientos y de cuestionamientos del pasado, se está convirtiendo en uno de los elementos críticos para el progreso empresarial. Imaginación fue lo que tuvo en 1928 Alexander Fleming para cultivar bacterias e inventar la penicilina. Imaginación e innovación fue lo que necesitó Thomas Alva Edison para inventar la bombilla de luz incandescente mediante la utilización del filamento de fibra de carbón. Imaginación fue lo que tuvieron todos los hombres protagonistas de la evolución y de las mejoras sociales y empresariales.

Pero, ¿cómo debemos innovar? Todos nos preguntamos lo mismo, pero no siempre las respuestas —valga la redundancia— son muy innovadoras. Desde nuestro punto de vista hay una serie de principios esenciales para que la innovación sea real.

Conociendo perfectamente al cliente y al mercado

Los avances tecnológicos que disponemos ofrecen una magnífica oportunidad para conseguir tratar a cada cliente como si fuera un mercado, de manera singular e individual, y hacerlo a una velocidad mucho mayor que en el pasado, pero sobre todo dándole más valor. Esto debe obligarnos a tratarles de manera particular a cada uno de ellos; conocerles perfectamente e implicarnos con ellos en sus aventuras; en definitiva, ser cómplices comprometidos de sus propias estrategias. Hemos de utilizar al cliente como objetivo último de nuestro negocio; pero, cuidado, haciéndoles caso relativamente. Tom Peter, aconseja contemplar al cliente como una especie de espejo retrovisor de nuestra estrategia y sin olvidar que muchos de los grandes avances y descubrimientos fueron rechazados por los clientes. El caso de los Monovolúmenes Chryslers, el FAX, teléfonos móviles, vídeos, etc., son un buen ejemplo de ello.

Conocer a los clientes, significa en primer lugar entenderles. Un gran número de empresas gastan cientos de millones porque no son capaces de entender a los clientes que consumen sus productos. Puede que hacerlo suponga cambiar parte de nuestras más arraigadas creencias. Pensemos en el mercado del automóvil, ¿quiénes toman las decisiones de compra? La decisión de compra de un automóvil nuevo es tomada, en un 70 por ciento de casos, por las mujeres[6]; sin embargo, ¿cuántas mujeres ocupan puestos de vendedores en los concesionarios de automóviles? Sorpréndase, apenas un 7 por ciento.

Estamos convencidos de que sólo aquellas organizaciones que entiendan y conozcan perfectamente al cliente y les traten como le gustaría que les tratasen a ellas mismas, serán quienes sean capaces de ofrecer las respuestas más innovadoras y que más fidelización generarán.

Aprovechando las olas de cambio

Cada cambio, lejos de ser una amenaza, debe ser interpretado como una oportunidad. Que sea una cosa u otra depende de nuestra propia decisión. Las situaciones de gran transformación suponen una excelente ocasión para replantearnos nuestras propias funciones. Quizá son momentos oportunos para hacer los ejercicios de higiene necesarios para garantizar nuestro propio futuro. Son sin duda una extraordinaria ocasión para preguntarnos, ¿si volviera a crear hoy esta empresa seguiría haciendo lo mismo que hago?, ¿mantendría todas las funciones o departamentos?, ¿crearía alguno nuevo?, ¿qué haría de forma diferente?[7]...

---

[6] «El negocio está en las mujeres y en los maduros», Diario *Expansión*, 21 de mayo de 2004.

[7] DRUCKER, P. *La Gestión en Tiempo de Grandes Cambios,* Edhasa, Barcelona, 1996.

Las empresas debemos no sólo aprovechar estos cambios, sino que además tenemos que intentar acelerarlos. No se trata sólo de prever el futuro, sino de provocarlo para que éste sea más ventajoso para nosotros y la sociedad. Podemos dar un mayor valor y hacer un mejor trabajo si somos capaces de, en función de las investigaciones y de la observación del mercado, ofrecer respuestas rápidas a los asuntos que en cada momento preocupan a los clientes. Necesitamos elaborar una oferta atractiva alrededor de las olas de cambio y aprovechar estas olas, mejor cuando están subiendo a lo más alto de la cresta que cuando están bajando.

Creando capital intelectual

Debemos ser capaces de ofrecer soluciones de negocio que, apoyadas en nuestras fortalezas y capacidades, produzcan resultados excepcionales y superiores a los de nuestros competidores. Ello supondrá redefinir nuestro modelo de negocio y organización teniendo en cuenta nuestros activos, incrementar nuestra capacidad de penetración y de configuración del mercado por medio de una amplia variedad de alianzas, colaboraciones, etc. y la creación y utilización de compañías operativas como fuente de ventaja competitiva. Un requisito para ello es incrementar nuestra propiedad intelectual mediante la creación de soluciones de valor y metodologías asociadas que incrementen nuestro capital intelectual.

El capital de conocimiento de una empresa puede definirse como el conocimiento que posee una organización y que contribuye a la realización de su misión corporativa. Este capital, en gran parte intangible a simple vista, estaría compuesto por[8]:

- Capital humano. Conformado por el conocimiento y las capacidades de los empleados de las empresas; esta parte del activo está en la mente de los trabajadores y se lo llevan consigo cuando vuelven a sus casas o cuando dejan la empresa.

- Capital estructural. Sería esa parte del activo que permanece en la empresa aunque los empleados abandonen la misma. Estaría integrado por la pro-

[8] Clasificación aceptada en el proyecto MERITUM (*Measuring Intangibles to Understand and Improve Innovation Management*).

piedad intelectual de la empresa, como las patentes, marcas, etc., el conocimiento no patentado, como el *know-how*, metodologías, contratos, bases de datos, secretos comerciales, diseños, nuevas ideas sobre productos, información externa, data *warehouses*, rutinas organizativas, cultura, etc.

- Capital relacional. Hace referencia a las relaciones que las empresas mantienen con sus *stakeholders*, entre los que se debería incluir, aparte de los clientes, proveedores, etc., a los aliados en los procesos de colaboración e I+D.

En la era del saber, el capital intelectual o el conocimiento[9] es el principal activo y hay que identificarlo, inventariarlo, actualizarlo y provocarlo. Para hacernos una idea del valor real del conocimiento, podríamos citar, como ejemplo, que el 70 por ciento del valor de un coche nuevo reside en el capital intangible.

Externalizando funciones de escaso valor

La tozuda realidad del mercado nos dice que la empresa cada día debe centrarse más en aquello que sabe hacer mejor que sus competidores (el *core competencies* que denominara Gary Hammel) y –al igual que hizo la industria de Hollywood– sacar fuera todas aquellas actividades que no sean críticas para el negocio; aquellas que otros pueden hacer mejor, con mayor calidad, rapidez y mejor precio. En el cumplimiento de esta recomendación se están moviendo ya la mayoría de las compañías exitosas.

La externalización de aquello que no es «core» mediante acuerdos de *outsourcing*, que va más allá del enfoque tradicional que conocemos como tal, será una solución innovadora para garantizar el éxito de las empresas. En este sentido, lo que se denomina Business Transformation Outsourcing (BTO), con una filosofía de transformar el modo en que funciona el negocio para lograr una inmediata, sostenible y paulatina mejora en el nivel de gestión empresarial, será una ventaja a aprovechar.

---

[9] Deberíamos entender por «conocimiento» aquella información que contiene la suficiente estructura e inteligencia como para permitirnos la toma de decisiones empresariales.

La transformación de los negocios no es un concepto nuevo. Las compañías han estado transformando y reinventando sus negocios durante mucho tiempo y continuarán haciéndolo. Lo que es nuevo y diferente de la respuesta de *outsourcing* es que ofrece a las empresas un modo de alcanzar resultados inmediatos. Las organizaciones que han optado por estas soluciones las usan como una herramienta estratégica y parten de un «plan de acción» atrevido. Comparten los riesgos y oportunidades con el *outsourcer* porque colaboran para transformar procesos de negocio en armas competitivas en un reducido periodo de tiempo. Miden la mejora resultante en el precio accionarial, posición en el mercado, en el rendimiento del capital, etc.

En Europa, ya se han llevado a cabo proyectos de BTO con gran éxito. Uno de los casos es el de J. Sainsbury plc, la segunda cadena de supermercados más grandes de Reino Unido. En esta ocasión, Accenture que está actuando como *outsourcer*, se comprometió con Sainsbury en la transformación radical del negocio.

J. Sainsbury plc observó la posibilidad de situarse como el número uno en el mercado mientras su situación económica se lo impedía: sus costes aumentaban más rápido que sus ingresos y sus beneficios habían descendido con respecto a los líderes del mercado. A lo largo de los tres años anteriores, los beneficios habían bajado un 40 por ciento y el valor accionarial y capitalización en el mercado habían pagado las consecuencias. Además, amenazaban nuevos y potentes competidores: Asda y Safeway.

Con la idea de tomar medidas agresivas, la junta directiva de J. Sainsbury plc contrató a sir Peter Davis, como nuevo CEO y le dio instrucciones para que pensara una solución radical. En cuestión de meses, sir Peter Davis había formado una alianza con Accenture, quien actuaría como principal supervisor de la compañía para diseñar y ayudar a implementar un reposicionamiento estratégico.

Los resultados son impresionantes: ahorro de 51 $ MM en el primer año y un total de 357 $ MM en siete años, reducción de un 50 por ciento en los costes de mantenimiento, estructura del servicio más flexible y productiva, y mayor percepción y satisfacción del usuario de los costes asociados a esta función, y transformación de capacidades críticas relacionadas con las Tecnologías de la Información.

Fomentando una cultura de innovación

Hace dos o tres años realizamos un estudio que llevaba por título *Liberating the Entrepreneurial Spirit*[10], cuyos resultados no tienen desperdicio. Sólo cuatro de cada diez directivos creen que sus organizaciones son muy emprendedoras. Muchas empresas, cuando prosperan, también crecen mucho más, se hacen más complejas y excesivamente burocráticas. Los directivos encuestados sitúan las causas de todo ello en problemas estructurales internos, la lentitud de los procesos de decisión y las barreras culturales.

Para fomentar el espíritu emprendedor, es necesario un nuevo tipo de cultura innovadora. Ante todo, los miembros de la alta dirección deben ser líderes de emprendedores y no sólo líderes emprendedores. Deben desarrollar una filosofía de actuación en la que todas las personas puedan, quieran y sepan cómo ser emprendedores. En este sentido, nos atrevemos a sugerir cinco imperativos clave:

a) Utilizar la estrategia y el propósito para crear confianza emprendedora; *b*) ser grande, pero operar a pequeña escala; *c*) construir la creencia de que el espíritu emprendedor se valora; *d*) fomentar la diversidad de pensamiento, y aprovechar al máximo los conocimientos.

Y todo esto transigiendo con el error. Recordemos que uno de los personajes más afamados del momento en el mundo de la empresa, como es Bill Gates, tiene como presidente a un individuo que hundió una empresa. Hace unos años, en una de sus visitas a España un periodista le preguntó por qué había contratado a alguien así; a lo que Bill Gates contestó: «porque ya ha aprendido y no volverá a equivocarse».

Además, una cultura emprendedora requiere disponer de perfiles diversos. No se puede esperar mucho de una organización en la que todos los

---

[10] El estudio de Accenture fue realizado mediante la participación de 880 ejecutivos con cargos directivos en empresas de diferentes dimensiones del sector privado, público y en organizaciones sin ánimo de lucro. Se realizaron entrevistas en 22 países: Argentina, Australia, Bélgica, Brasil, Canadá, Francia, Alemania, India, Italia, Japón, Malasia, México, Holanda, Polonia, Singapur, Sudáfrica, Corea del Sur, España, Suecia, Taiwan, el Reino Unido y los Estados Unidos.

empleados son del mismo sexo, de parecida edad, con educación similar, visten igual y tienen las mismas costumbres y aficiones.

Maximizando el desempeño de su capital humano

Los últimos cuarenta o cincuenta años han estado marcados por una preocupación por los temas económicos, pero los próximos lustros lo estarán por los temas sociales y, desde luego, por los temas relacionados con las personas. Una de las tareas más importantes de la empresa será compaginar la parte económica, la humana y la social.

En este sentido, lo que hasta ahora ha sido frecuente oír en distintos foros públicos y leer en diferentes medios de comunicación que «las personas son el elemento diferencial y fundamental en las organizaciones» será cada vez más cierto, si bien no es menos cierto que, en lo que a gestión de capital humano se refiere, todavía es más lo que se dice que lo que realmente se hace.

En una situación como la que hemos descrito en este capítulo, donde la incertidumbre de la gestión se sirve en un contexto global, virtual y complejo, sólo la imaginación de las personas constituye el valor estratégico diferencial. Agotado, en gran parte, el retorno de la inversión proveniente de las inversiones en mejoras de la operativa interna y externa, y realizadas las reingenierías precisas, la empresa comienza a descubrir que realmente su verdadera diferencia está en su gente, pero no en el sentido tradicional de la tan manida frase de «mi gente es mi mejor recurso», sino en un sentido más complejo, en el que el rendimiento y su mejora son el *leitmotiv* del negocio.

Son las empresas de vanguardia y líderes, por cuanto suponen un ejemplo de imitación para sus competidores, las que han comenzado a actuar como pioneras al gestionar el desempeño con un enfoque holístico y sistémico. Ello supone superar la miope concepción tradicional de considerar a las personas como un recurso (algo a lo que se recurre como apoyo), para pasar a contemplarlo como capital (activo utilizado para crear más valor y riqueza). Existen ya muchas compañías que están convencidas de estar en la hora del desempeño y sus cuentas de resultados están viéndose enormemente beneficiadas por esta nueva concepción. Ejemplos como los de Wal-Mart, Southwest Airlines, Berkshire, Dell Computer, General Electric, Hewlett-Packard,

Southern Company, Microsoft, Starbucks, FeDex (éstas y por este orden son las diez empresas más admiradas de 2002), Virgin, Mercks, ABB, Continental Airlines, etc. son sólo algunos testimonios que demuestran que una gestión adecuada y diferencial del desempeño de las personas marca la diferencia entre unos resultados positivos o negativos. Investigadores y expertos, como el propio Jeffrey Pfeffer[11] demuestran, con datos reales, cómo las empresas que gestionan a sus personas con un enfoque sistémico, amplio y contemplándolas como capital obtienen beneficios superiores, incluso en un 30 por ciento, a sus competidores.

Llegar a esta situación, conseguir que las personas den siempre a la empresa lo mejor de sí mismas y maximizar el desempeño organizativo supone superar el reduccionista enfoque de gestión mecanicista sustentando sobre la premisa de «causa-efecto[12]. Para que esta nueva proposición de valor pueda ser un éxito, debemos asumir que el desempeño es el resultado de un sistema complejo en interacción en el que una cantidad significativa de factores son los que determinan el producto final.

Hoy en día casi nadie discrepa de este planteamiento. Sin embargo, si esto es ya una premisa aceptada, debemos preguntarnos: ¿qué estoy haciendo yo con las personas de mi organización que sea verdaderamente diferente de lo que hacen mis competidores? Si estoy haciendo algo distinto y que les dé valor diferencial, puede que mi empresa esté en el buen camino; si no, debo comenzar a preocuparme.

Utilizando las tecnologías

Por último, no me gustaría terminar este prólogo sin subrayar algo que, quizá por evidente, puede pasarse por alto: conseguir el mejor rendimiento supone obligatoriamente apoyarse en las tecnologías que existen.

Quizá una de las cosas de la que las empresas deban comenzar a preocuparse y, sobre todo, a ocuparse, es de dotar a su gestión de RR.HH. de los medios tecnológicos necesarios para facilitar la consecución de resultados.

---

[11] PFEFFER, J.: *La Ecuación Humana*. Barcelona, Gestión 2000, 1998.

[12] CASADO, J. M.: *El Valor de la Persona: Nuevos Principios para la Gestión de Capital Humano*. Prentice Hall, Madrid, 2003.

El que podría ser considerado el padre del rendimiento humano, Thomás F. Gilbert[13], nos lo ha advertido: las personas necesitan cierto apoyo o soporte para trabajar con efectividad. La arquitectura de soporte debe ser puesta a disposición de las personas por la empresa. Estos apoyos son los que integran lo que podríamos llamar la «Teoría de las 3I: Información, Instrumentos e Incentivos». Otros expertos, como los insignes miembros de la International Society for Performance Improvement (ISPI), sostienen los mismos planteamientos: una persona informada y con instrumentos de gestión a su disposición puede conseguir hasta un 50 por ciento más de resultado que otra con la misma preparación y actitud, pero sin apoyo.

Estamos de enhorabuena. Las nuevas tecnologías aplicadas a la mejora del rendimiento humano están ya al alcance de nuestras manos y podemos diseñar, sin prácticamente problemas técnicos, los soportes necesarios para que toda nuestra organización esté mejor preparada, informada y los instrumentos de gestión estén sólo a la distancia de un *clic* de ratón.

Lo que debemos hacer las empresas es construir un contexto o entorno de trabajo que sea un auténtico AIR (Apoyo Integrado al Rendimiento) y que el trabajador disponga de la información que necesita, en el tiempo y cantidad que necesita, para ser utilizada en el momento de la verdad (cuando genera valor al cliente externo o interno).

El mercado está lleno de soluciones de gestión que pueden ayudarnos a las organizaciones a mejorar ostensiblemente nuestros resultados. *Learning Management System, Employee Relationship Management* o Portales de Empleados, *Performance Appraissal Management, Talent Management*, etc. son mucho más que conceptos; son instrumentos de apoyos y realidades que están ofreciendo magníficos resultados a muchas de nuestras empresas. La implantación de estos sistemas de apoyo conducen a que el profesional sepa más y pueda hacer más, porque los sistemas están diseñados desde el punto de vista del hacer, y a que estas personas quieran hacer más, porque han sido eliminados los tradicionales obstáculos a las nuevas tecnologías.

---

[13] GILBERT, TR.F. *Human Competence: Engineering Worthty Performance.* International Society for Performance Improvement, Tribute Edition, 1996.

En definitiva, estamos obligados a ofrecer una respuesta completa que engarce operativamente la tecnología, el rendimiento, la productividad y la satisfacción de los trabajadores, para mejorar el rendimiento global de la empresa..., y esto ya puede hacerse.

Es evidente que parece imposible competir en nuestros días con mínimas posibilidades de éxito sin utilizar los avances que las tecnologías nos brindan. A pesar de que hasta hace muy poco las empresas concebían una estrategia y desde ella determinaban cuál era la tecnología que debían usar. La tecnología era un facilitador y estaba a merced de la intención estratégica. Este principio, dado como válido durante muchos años, ha quedado, al igual que la estructura multidivisional de Sloan, obsoleto.

Parece claro que deberemos formular las estrategias en función de las implicaciones que las nuevas tecnologías tengan en nuestro negocio. Resulta impensable, en estos momentos, imaginar una empresa que quiera competir y tener éxito, por ejemplo, llevando viajeros de Madrid a Londres en carros del siglo pasado o utilizando bicicletas. Probablemente esa compañía deba hacerlo pensando en tener los mejores aviones, con las mejores rutas y utilizando los mejores pilotos.

Hoy el paradigma ha cambiado y las empresas deben tener un nuevo eje de reflexión para diseñar sus planes de negocio. Actualmente, la pregunta que deben formularse es: con las tecnologías que existen, ¿cuál debe ser nuestra estrategia?

En la misma dirección deben actuar las distintas áreas de la organización y, por supuesto, RR.HH. no puede ser una excepción. Afortunadamente, existen en el mercado un sinfín de soluciones tecnológicas y estrategias de RR.HH. que pueden ayudar a estos departamentos a convertirse en generadores de valor. Además del *outsourcing* o externalización de funciones transaccionales de RR.HH., se dispone de un número significativo de herramientas tecnológicas –muchas de las cuales imagino que se comentarán en este texto que el lector tiene en sus manos– que reducen ostensiblemente los tiempos y esfuerzos de todas las tareas administrativas y transaccionales que, día a día, aprisionan estas áreas con acciones rutinarias, burocráticas y de escaso valor.

1.5. Conclusiones

Cuando comenzaba a escribir los primeros renglones de este prólogo para un libro de esta naturaleza, lo primero que se me vino a la mente fue pensar en el porvenir. ¿Qué pasará en el mundo de las organizaciones? ¿Cómo se configurarán? ¿Qué sucedrá en el futuro? ¿Qué factores determinarán el éxito? ¿Cuáles serán los elementos fundamentales? ¿Habrá algún elemento más importante que otro?, etc.

En un mundo de creciente interconectividad y de trasiego *on line* de capitales y conocimientos, de mayor complejidad y escala de las compañías, en el que renace la importancia geopolítica de las decisiones, en el que existe una creciente volatilidad y mayor escrutinio por parte de todos los ámbitos relacionados con la empresa, en el que los intangibles están desbancando de sus posiciones de poder a los activos tradicionales y en el que se dan cita generaciones de trabajadores con intereses y preocupaciones distintas había dos elementos que de forma reiterada se me venían a la mente e intentaban dar respuesta a las preguntas que me realizaba: personas y tecnologías.

Estoy convencido de que el porvenir de las empresas y de la sociedad será forjado –como siempre lo ha sido por otra parte– por personas; individuos dispuestos que, con la mejor preparación, voluntad y con los mejores soportes tecnológicos contribuirán a construir el futuro. Serán aquellas compañías que mejor conjuguen los elementos del binomio las que consigan las más altas cotas de progreso y las que más ayudarán en la conformación del porvenir.

Son estas dos variables las que ayudan a configurar un código genético de alto rendimiento que, a la postre, permite a las empresas anticiparse a los cambios en los valores de los clientes y la sociedad, acelerar la transición de la idea a la acción, liberar la motivación y las capacidades de la organización y gestionar el hoy y el mañana.

Para finalizar me gustaría hacer una última reflexión, y es que si efectivamente todos estamos convencidos de que el capital humano es el menos replicable de nuestros activos y de que en él puede residir nuestra ventaja competitiva fundamental, puede que tengamos que comenzar a ser más coherentes entre lo que decimos y hacemos. Es curioso, pero si preguntamos a una organización cuáles son sus factores de éxito, casi todas incluyen entre ellos a su gente; sin embargo, cuando preguntamos cuánto esfuerzo, inversión y cantidad de gestión aplica a mejorar el desempeño de su fuerza de trabajo, no existe reciprocidad porque suele ser mucho menor. Es hora de actuar y provocar la mejora y para ello tenemos que hacer más y decir menos.

Pero... para hacer más, resultaría crítico lograr atraer y retener a profesionales de alto rendimiento; lo que requiere un cambio de actitud por parte de las empresas y especialmente de sus directivos, quienes deben comenzar a comprender el impacto de su comportamiento en la motivación de los mejores. Pero además, y en línea con lo anterior, insistimos, será fundamental la utilización de las nuevas tecnologías, como elemento clave en el desarrollo eficaz de las aptitudes personales y el impulso diario del rendimiento del personal; sin olvidar que un factor clave para la creación de un equipo profesional de alto rendimiento es la evaluación de la rentabilidad de las inversiones realizadas en la mejora del rendimiento del personal, tanto en términos financieros como en términos no financieros. Éste es el reto y el porvenir se encuentra tras su consecución.

Carlos Vidal Amador de los Ríos
Presidente de Accenture

INTRODUCCIÓN

La verdad es que si ya fue un reto coordinar el primer título de la Biblioteca Aedipe de Recursos Humanos, hacer por segunda vez este papel tenía una especial dificultad, al tiempo que mucho atractivo. Una vez más debo esta oportunidad a Miguel Ordóñez, a quien voy conociendo cada vez más a través de las páginas y horas de trabajo que compartimos, y sin cuyo entusiasmo y amor por la profesión no hubiera sido posible este libro.

Cuando Miguel me propuso la idea hace ya unos meses nos planteamos inicialmente que el libro versase sobre «portales de empleado» monográficamente, pero fue con la llegada del patrocinador de la iniciativa (ACCENTURE, en la persona de José Manuel Casado) cuando entre los tres (Miguel, José Manuel y yo) decidimos ampliar el ámbito abordado en este trabajo y momento en que les propuse el título que espero salga de imprenta: *La tecnología al servicio de las personas: e-HR*.

Lo cierto es que el portal de empleado es la «punta del iceberg» de un trabajo iniciado hace años en las empresas de nuestro entorno: la informatización de servicios de RR.HH.

Durante los años ochenta y noventa los departamentos fueron pasando de un paradigma de «personal» a otro más global donde poco a poco el empleado iba convirtiéndose en el centro del modelo de gestión. Paralelamente, las tecnologías fueron avanzando, permitiendo liberar recursos y personas desde la labor meramente administrativa para dedicarlos a la gestión más o menos estratégica de RR.HH. y a la gestión del cambio organizativo. Ello requirió fuertes inversiones en software y acostumbrarse a un nuevo medio.

Más recientemente, desde finales de los noventa se ha iniciado una nueva etapa donde esos procesos informatizados en los años anteriores salieron a la luz a través de Intranets o portales de empleado. En las siguientes páginas trataremos de acercarnos a algunas experiencias vividas por profesionales de nuestro entorno en este ámbito. Veremos cómo desde una visión donde los equipos de RR.HH. «sufrían» la tecnología, hemos pasado a un nuevo modo de hacer en el que la tecnología se ha puesto al servicio de los gestores de personas (ofreciéndoles información y utilidades que pueden enriquecer enormemente su función) y de sus clientes finales (todos los empleados de la compañía), que ahora pueden acceder directamente a un innumerable catálogo de servicios e incluso personalizar la oferta.

Hemos empezado pintando un cuadro muy bonito, pero la experiencia como consultor de cuatro decenas de clientes y mi trabajo en tres compañías de las denominadas grandes me dicen que los sistemas de información son un «talón de Aquiles» de los departamentos de RR.HH. Únicamente el módulo relacionado con la nómina y los pagos a empleados recibe de forma homogénea la atención que merece dentro de las empresas españolas.

Ante esta realidad no queda otra alternativa que preguntarse ¿por qué?, ¿por qué la mayor parte de las empresas de nuestro país no han dedicado excesivo tiempo y recursos a desarrollar o adaptar software que apoyase la gestión de RR.HH.? Intentar dar una única respuesta a esta pregunta sería cuando menos atrevido por mi parte, pero quizá podemos pensar en varias causas:

— Las disciplinas profesionales típicas de las que se han alimentado los departamentos de RR.HH. (psicología, derecho, ciencias económicas, sociología,...) no han sido en el pasado muy pro-tecnológicas. Este factor se está atenuando por dos motivos: la progresiva mezcla de perfiles que se produce en los departamentos (incorporando a personas de la línea o a titulaciones no tradicionales) y la universalización del conocimiento de las nuevas tecnologías.

— El fuerte peso de los departamentos de nómina y administración de RR.HH. han hecho que los equipos informáticos estuviesen habitualmente ubicados en este ámbito. Así, los desarrollos en el ámbito de la formación, el desarrollo o la gestión de personas recibían menos atención al no verse como críticos ni esenciales. La llegada del mundo Internet ha roto en parte esta limitación al facilitar que cualquier usuario avezado pueda crear sus propias páginas web o realizar pequeños desarrollos.

  A veces este factor es el reflejo de un problema más profundo como es que, bien entrados en el siglo XXI, todavía podemos encontrarnos con departamentos donde las funciones de relaciones laborales y administración (en definitiva, la negociación y gestión de las condiciones básicas de trabajo) consumen el 80 por ciento de los recursos de todo tipo. En estos casos resulta complicado encontrarse con avanzados sistemas de gestión de personas.

— Todavía no hemos conocido a un importante directivo de RR.HH. que haya sido destacado por sus méritos en el ámbito de los sistemas de información de la función. Relaciones Laborales, sistemas de gestión de personas, o incluso formación, son áreas que han llamado la atención de los directivos de la función, pero pocas veces la energía se ha desviado hacia el ERP que da soporte a RR.HH. o a sus posibilidades. Aquí, por desgracia, no han existido muchos cambios.

— La escasa dedicación directiva a los desarrollos de software no es algo exclusivo de las unidades de RR.HH. Es prototípico el que desde cualquier área de la empresa pidamos lo máximo a nuestros sistemas o los culpabilicemos de muchos de nuestros problemas o ineficiencias cotidianas, al tiempo que no les prestamos la atención y el cariño que precisan para realmente darnos un buen servicio o, incluso, convertirse en un factor diferencial. Si uno quiere exigir a los sistemas debe invertir en ellos (especialmente tiempo directivo y seguimiento).

— Los desarrollos de RR.HH. son los últimos en la planificación anual de la empresa. Cuando todas las organizaciones se encuentran inmersas en una continua guerra por mejorar la eficiencia y los costes, la inversión en nuevos desarrollos de software resulta cada vez «más cara», haciendo necesaria una continua revisión de la prioridad de las iniciativas, lo que conduce a su vez a que los proyectos más alejados del negocio esencial de la compañía pierdan fuerza.

— Cada empresa tendrá sus causas particulares añadidas: malas decisiones pasadas, que han hecho que se viviesen estos procesos como generadores de trabajo con poco retorno, aplicaciones que no llegaron a implantarse, ... Cada caso es distinto.

Sean cuales sean los motivos, lo cierto es que gran parte de las empresas españolas se encuentran muy lejos de lo que sería ideal en cuanto al software de RR.HH. se refiere, y no es una cuestión de oferta (SAP, meta4, peoplesoft o CS son estándares mundiales), más bien es un problema de falta de prioridad o de enfoque estratégico. Por este motivo, a la hora de construir el guión del libro y de buscar a los colaboradores más adecuados hemos apostado por primeros ejecutivos, directores generales y directivos capaces de aportar su visión sobre las oportunidades que tenemos ante nosotros si utilizamos eficazmente las nuevas tecnologías.

No es, por tanto, éste un libro donde nos hayamos dedicado a repasar el «estado del arte» de las tecnologías e-HR en el mundo. No es un texto lleno de términos tecnológicos, sino que lo que se ha buscado es mostrar cómo un desarrollo de software realmente alineado con los objetivos del departamento de RR.HH. y de la empresa puede ser un importante acelerador de los cambios que se pretende generar en la organización. Se trata, por consiguiente, de entender cómo podemos sumarnos a un movimiento que está en marcha y construir desde él, porque no podemos obviar que las tecnologías seguirán modificando, de forma más o menos acelerada, nuestras vidas.

Una vez definido que nos parecía más interesante la visión directiva que la estrictamente funcional a la hora de explorar las experiencias de éxito, seguimos el mismo camino que en otros libros de esta colección, al elegir siempre empresas con fuerte implantación en España (independientemente de la procedencia de su capital) e intentando representar a diversos sectores de nuestra economía.

La verdad es que en los últimos años las empresas españolas empezamos a no tener mucho que envidiar a las de otros países tradicionalmente más avanzados en parámetros como el acierto estratégico, el nivel de internacionalización o los ratios de eficiencia. Sin embargo, sistemas de información, I+D y formación son tres claras desventajas competitivas respecto a otros operadores. Los sistemas de Recursos Humanos no son precisamente una excepción.

Sucede que cualquier directivo suscribe, al menos en el discurso, que es imprescindible invertir más en estas tres materias si uno quiere jugar (que no ya ganar) la batalla de la nueva economía. Sin embargo, cuando llegan los momentos de la verdad, como la asignación de presupuestos o el nivel de compromiso directivo con los proyectos, estos temas pasan a un segundo nivel de prioridad.

Tras años de analizar el fenómeno, e intentando encontrar un denominador común en los comportamientos que he visto en mi entorno más directo, he llegado a la conclusión de que no se acaban de ver de forma clara los beneficios de estas inversiones.

Como sucede con tantas otras cosas en la vida empresarial, resulta imprescindible el convencimiento del primer ejecutivo y sus colaboradores directos de que apostar por las tecnologías es un requisito, una necesidad, no una opción poco relacionada con el negocio principal. Se necesita, por tanto, una visión clara de hacia dónde va nuestra sociedad y cómo la tecnología ha ido ganando importancia y lo seguirá haciendo.

Tras «la burbuja de Internet» algunos gestores han realizado un movimiento pendular, despreciando el valor de la tecnología. Quizá no han entendido que la red lo ha cambiado todo, especialmente la vida dentro de las empresas, aunque también algunas relaciones personales y familiares. ¿Nos hubiéramos creído en el año 2000 que hoy se superasen con creces los dos millones de líneas ADSL en España? El movimiento es imparable. No subirse hoy al tren de la tecnololgía es más arriesgado que cualquier proyecto emergente de inversión en Internet en los años noventa.

Sabiendo adónde queremos llegar, deberíamos elegir nuestro camino concreto, adaptado a nuestras peculiaridades (cultura, tamaño, historia, etc.). En esta reflexión debemos plantearnos cómo la inversión en tecnología puede contribuir a la mejora del desempeño de la organización, qué procesos son clave a la hora de mejorar en el área de Recursos Humanos y qué beneficios (más allá de la pura eficiencia) podemos ofrecerles a las personas de nuestra empresa de la mano de los sistemas.

Con esta idea, el libro se ha estructurado en cuatro capítulos. En el Capítulo 1, «Evolución social y tecnológica», se pretende ofrecer una visión, al máximo nivel, de los cambios que ya han llegado y, los que están por venir. John de Zulueta, Presidente de Sanitas, nos explica cómo su empresa ha sabido convertir la tecnología en un dinamizador del cambio interno en el que estaban inmersos, al tiempo que ha supuesto una fuente de ventaja competitiva. Miguel Ángel Calama, Director General de la Caja Rural de Ciudad Real, nos da su particular visión de cómo la tecnología puede ayudar a desarrollar la imprescindible visión de adaptación al cambio que las empresas hoy demandamos, al tiempo que contribuir a desburocratizar las organizaciones y su gestión. Por último, Miguel Ángel destaca una actitud que, más allá de la estrategia de sistemas que elijamos, es fundamental hoy: sentir pasión por el cliente.

En el Capítulo 2: «El reto de la mejora del desempeño», pretende demostrar que este enfoque en los sistemas es rentable de inmediato, dado que las mejoras que se produzcan en este ámbito tendrán una instantánea repercusión en el desempeño de la organización. Ángel Cabrera, hasta hace pocas fechas decano del IE (Instituto de Empresa), nos aporta una visión académica de la relación entre tecnología y personas como dos variables clave en la ecuación del rendimiento. El complemento lo pone Jesús Fernández (Director General de Vedior), que nos muestra, desde una aproximación tremendamente práctica, su idea de los retos de RR.HH. y cómo podemos avanzar en alguno de ellos basándonos en la automatización de determinados procesos.

Pero es en el Capítulo 3: «Tecnologías que permiten la mejora de los procesos críticos del capital humano» donde podemos observar de forma más cercana cómo algunas empresas e instituciones españolas han evolucionado en cuanto a sistemas de información aplicados a cada uno de los procesos de RR.HH. En él hemos reunido la experiencia de cuatro compañías de sectores bien distintos en cuanto a la visión de la Administración, que poco a poco se va consolidando como un importante agente en el mundo de las soluciones informáticas.

Así, Germán Medina, de Endesa, nos presenta en este libro su sistema integrado de Gestión del Talento, que desde hace años le ha permitido ser una práctica muy avanzada en la identificación de profesionales para cubrir puestos clave dentro de la organización, reutilizando información ofrecida por los distintos sistemas de la empresa. Por su parte, Fernando Dal Re nos aporta, desde el Grupo Antolín, una aproximación alternativa a la formación, a través de los simuladores de negocio. Fernando defiende que cada vez tienen menos sentido y futuro las metodologías de formación que hemos conocido y con las que hemos convivido en los últimos años. Actualmente la «aplicabilidad» y la aportación a la «empleabilidad» de los participantes son clave, y ello requiere nuevas fórmulas de aprendizaje. Patricia Mántel nos muestra cómo Repsol-YPF ha sido capaz de desarrollar soluciones de sistemas para dar cobertura a su modelo de gestión integral de RR.HH., que es uno de los más completos de nuestro entorno.

Dos experiencias más para cerrar este capítulo. La primera la de Jaime Aguirre en Ferrovial, donde la tecnología al servicio de las personas ha permitido interconectar a profesionales y empresas que iban integrándose en un momento de crecimiento rápido y de fuerte expansión (también internacional). Las soluciones de RR.HH. *on line* han permitido difundir y consolidar unos valores comunes en los que se apoyan los ambiciosos objetivos del negocio. La otra visión práctica es la de Eladio Quintanilla, quien ha liderado un proyecto en la Tesorería de la Seguridad Social que a buen seguro acabará convirtiéndose en un referente en cuanto a estrategia para implantar soluciones de gestión del conocimiento en la Administración. Su colaboración se caracteriza por darnos una visión muy pegada a la situación concreta y necesidades de la Tesorería, y cómo él y su equipo han ido planteando soluciones.

Acercándonos al final, en el Capítulo 4: «Servicios que maximizan el valor para el empleado, al tiempo que mejoran la eficiencia de la empresa» contamos con dos empresas del tamaño y la relevancia de BBVA y Telefónica para hablarnos de su portal de empleado. Luis Sánchez Navarrete nos explica cómo el BBVA fue pionero en el año 2000 generando una oferta para sus empleados que pretendía fomentar el acceso a Internet para todos en el banco, y cómo desde entonces han sido capaces de ir creando una oferta de contenidos que anime al acceso. De la mano de Plácido Fajardo y José Luis Talavante nos adentramos en el portal *e-domus*, uno de los de mayor audiencia en nuestro país, en el que Telefónica de España ha confiado para hacer llegar información a sus profesionales pero, también, donde ha puesto a disposición de éstos múltiples autoservicios de su interés (en ocasiones de modo exclusivo) y al que la mayor parte de las personas ha de conectarse cada día para trabajar, mejorando de esta forma el rendimiento individual y colectivo.

Como cierre, y a modo de Epílogo, José Manuel Casado nos dirá qué nos queda por vivir en el ámbito de los e-HR, siempre teniendo en cuenta en primer lugar los retos que nos esperan a los que nos dedicamos a la gestión de las personas, independientemente de las herramientas que usemos para soportar nuestro trabajo.

Es, por tanto, éste un libro para profesionales de Recursos Humanos que quieran acercarse desde una visión tremendamente práctica a los retos que tiene la función y cómo los sistemas de información pueden contribuir a alcanzar los objetivos que nos fijemos. A lo largo de todo el texto se huye de los tratados o modelos teóricos, para centrarse en cómo algunas empresas o administraciones han sido capaces de implantar con éxito soluciones.

Deseo y espero que el lector, tanto el socio de Aedipe como aquel que compre el libro en cualquier librería, encuentre en estas páginas algunas preguntas que todo profesional de RR.HH. debe hacerse en torno a este tema y, al menos, alguna de las respuestas. Invertir desde los departamentos de gestión de personas en desarrollos y mantenimiento de software es una garantía de adaptación al futuro que está por llegar y de éxito en alguno de los proyectos que será imprescindible asumir.

Para cerrar esta introducción, me gustaría repasar de forma ordenada una serie de pasos que es necesario dar a la hora de implantar un proyecto de tecnología al servicio de las personas, y que de forma implícita o explícita los encontraremos en cada uno de los capítulos:

— En primer lugar, es necesario tener claro el plan estratégico de RR.HH., cuáles serán las iniciativas que lo integrarán y qué necesidades supone estos aspectos en términos de sistemas de información.

  A veces incluso podemos ir más allá del plan estratégico de RR.HH. En una de las empresas en las que tuve la suerte de trabajar desarrollamos desde mi departamento, a principios de esta década, un potentísimo proyecto de «Internetización» de empleados como respuesta al desconocimiento de ese mundo por parte de nuestros profesionales y las dificultades que ello llevaba asociado a la hora de distribuir nuestros propios servicios por la red. Hoy las cifras hablan por sí solas, con crecimientos espectaculares de los negocios por Internet. Es decir, utilizamos la aproximación amigable a la tecnología, a través de una oferta que incluía banda ancha, PC y un portal de empleado (con un entorno profesional y otro para la familia), para cambiar la cultura y los hábitos de trabajo. Convertimos la tecnología en una poderosa herramienta de cambio y dinamización.

Otras veces los objetivos pueden consistir simplemente en utilizar la tecnología como elemento de eficiencia, posibilitando que los empleados realicen sus propias gestiones a través de la red, o por hacer más cercanos los servicios de RR.HH.

— Hecha esta primera aproximación sobre adónde queremos dirigirnos, resulta imprescindible echar un vistazo a donde estamos hoy: ¿Cuál es nuestro ERP? ¿Qué desarrollos a medida hemos hecho? ¿Cuál es el nivel de uso de los sistemas actuales? ¿Cuál es nuestra opinión sobre todo ello?

En este punto debemos enfrentarnos a dos problemas recurrentes. El primero es el continuo cuestionamiento del actual ERP que vivimos todas las empresas. Tengamos el que tengamos siempre pensamos que hay otro mejor, lo que hace que pospongamos de forma permanente los nuevos desarrollos sobre la plataforma actual. Aquí la recomendación es sencilla, apostemos por un software e innovemos continuamente. Cuando llegue el cambio, siempre será más fácil migrar algo ya construido, probado y con datos que una idea, por brillante que sea.

El otro tema son los bajos niveles de uso de los sistemas, casi siempre fundamentados en lo poco amigables que son éstos. En mi experiencia, los sistemas nunca son suficientemente amigables, aunque sí conviene revisar su coherencia con la estrategia y las políticas (es decir, hasta qué punto están alineados con los objetivos del equipo), lo demás es cuestión de cultura de uso. Ayuda mucho que los directivos de RR.HH. utilicemos personalmente las herramientas y no sólo que las prescribamos.

— El siguiente paso consiste en hacer una estimación presupuestaria sobre los costes que tendría llevar a cabo los desarrollos que deseamos y/o necesitamos y cómo enlaza esto con las previsiones de presupuestos para el ejercicio en curso. En la mayoría de los casos, en esta fase tendremos que decidir en qué orden abordamos los proyectos en función del acceso a fondos con el que podamos contar.

En la medida de lo posible, no deberíamos dejar el 100 por cien del presupuesto asignado a proyectos cerrados, dado que las aplicaciones son «seres vivos» con los que siempre pueden surgir necesidades sobrevenidas a lo largo del año, o donde podemos descubrir oportunidades de mejora de eficiencia o calidad de servicio, y debemos tener respuesta, cuando esto surge, sin necesidad de esperar al ejercicio siguiente.

Dentro de estas decisiones habría que distinguir entre inversiones en software que permiten automatizar la gestión y los procesos de RR.HH. de cara a sus propios profesionales y aquellas otras que lo que facilitan es el acceso de forma *on line* a los servicios de RR.HH. y la autogestión de algunos temas. Ambos son importantes y seguramente será necesario avanzar simultáneamente en los dos frentes si se quiere tener éxito. Es más común de lo que pensamos el disponer de servicios aparentemente *on line*, que luego son totalmente manuales por detrás, lo cual hace poco sostenible el modelo y genera habitualmente mala percepción de servicio. Cuando uno accede a una página web espera que las cosas se resuelvan en plazos cortos. Si luego los profesionales de gestión de personas han de compensar las carencias de sus herramientas informáticas, nos encontraremos problemas para estandarizar los tiempos y la calidad de nuestra respuesta.

Es importante que esta fijación de prioridades se haga con criterio de Dirección General o de máximo responsable de RR.HH. si queremos concentrarnos de verdad en lo que las personas perciben como verdadero valor, si no corremos el peligro de centrarnos en nuestros intereses, pero no debemos olvidar la robustez interna de los servicios.

— Una vez fijadas las prioridades, entramos en la etapa de selección del proveedor (socio) con el que desarrollaremos la solución. Merece la pena dedicarle tiempo y cariño a esta decisión, que compromete en gran parte los resultados. Lo cierto es que el socio elegido nunca compensará el tiempo que necesariamente el equipo directivo debe dedicar a la definición de necesidades y al seguimiento de proyectos de este tipo.

Aunque suene a tópico, y a riesgo de ser pesado, la implicación directiva resulta clave a la hora de contar con buenos desarrollos de e-HR, y ésta se mide en decenas de jornadas/hombre y en la calidad de los perfiles profesionales que se dediquen a ello.

Tampoco es desdeñable la importancia del socio. Técnicamente puede que no haya grandes diferencias. Quizá la diferencia fundamental radica en la capacidad del consultor de obligarnos a darle tiempo estratégico a su trabajo y forzar el seguimiento y la toma de decisiones en el lugar adecuado, sin «salir del paso» o «huir hacia delante».

— Nos ponemos a trabajar. En esta etapa son claves las reuniones donde se fijen las especificaciones funcionales. Durante el desarrollo de las soluciones debemos prestar máxima atención a los informes de progreso (al menos uno a la semana o cada 15 días) y las validaciones de entregas, en las que siempre debería estar el máximo ejecutivo responsable del proceso en cuestión.

— Entramos ahora de lleno en la explotación. La verdad es que no existe software bueno de RR.HH. que no tenga detrás a un equipo que crea en el concepto y se involucre personalmente en la gestión y seguimiento de la implantación. De poco o de nada sirve una gran implicación directiva en el diseño y desarrollo de las soluciones si luego esa dedicación no tiene una continuidad en la vida diaria de la organización. Por desgracia, no dejamos de encontrarnos con empresas que deciden invertir importantes sumas de dinero en programas que son diseñados y desarrollados en tiempo y forma, pero que luego nunca llegan realmente a ser implantados o cuya gestión sigue soportándose años más tarde en sistemas paralelos. Un seguimiento permanente de los niveles de uso de un nuevo software (p. ej., número de entrevistas realizadas y grabadas por gestor de personas) y la calidad de las decisiones asociadas al mismo son buenos indicadores del «retorno de la inversión». No hay mejor plataforma de Recursos Humanos que aquella que se utiliza mucho y de forma recurrente.

— Para terminar, un importante factor a la hora de mirar al futuro es que el cliente, por primera vez en este mundo de RR.HH., será quien nos indique claramente por dónde tenemos que seguir evolucionando (qué servicios son los más demandados y por qué, qué temas son acogidos con mayor interés y de forma más positiva, etc.).

Hoy cualquier desarrollo de software de Recursos Humanos debería acabar abriéndose al cliente a través de soluciones como los portales de empleado, lo que nos hace entrar en una nueva dinámica de relación. Por ejemplo, un buen sistema de nómina debe acabar en un servicio que permita al empleado acceder a su nómina en cualquier momento y desde cualquier lugar, o un buen servicio de formación debe cumplir los mismos requisitos. Siempre 7×24.

La creación de estas Intranets o portales de empleado también nos dan un nuevo contenido, ya que ponen en nuestras manos el principal vehículo de comunicación interna de la empresa. Para gestionarlo de manera adecuada, debemos «monitorizar» las audiencias y mejorar la oferta de servicios en función de las necesidades y prioridades de nuestros clientes, sin olvidar que siempre deberá existir un espacio para el «discurso institucional».

Al mismo tiempo, conceptos como comunidades de compra o las ofertas para los empleados y sus familias, que habíamos descartado desde una visión de economía tradicional, vuelven a tener todo el sentido con las soluciones *on line*.

— Seguridad, actualización continua, distribución y almacenamiento de información, ... Cada empresa tendrá además problemas y realidades diferenciales que hacen que estos pasos no deban considerarse exhaustivos. Las prioridades y los focos de atención variarán en función del contexto particular.

Muchos son los retos y escasa la tradición. Durante años hemos preferido delegar estos temas en empresas externas o en profesionales internos «enamorados» de la tecnología. Pero lo cierto es que el profesional de RR.HH. que quiera estar dando la batalla día a día (en los tiempos que corren) no puede inhibirse en materia de sistemas de información para la función. Más bien al contrario, aquellos compañeros de profesión que sepan ver la fuerza que hay detrás del binomio tecnología y RR.HH., llevarán su carrera y a las empresas en las que trabajen a cotas muy altas.

Nuestra sociedad empieza a disfrutar verdaderamente del sueño de la «era de la información». En pocos meses hemos pasado de una cultura basada en la voz como servicio principal, y los ordenadores conectados en redes locales, a un mundo totalmente abierto donde viaja la imagen, la voz, los datos, la música, ... De los dos elementos comunes en cualquier película de ciencia ficción del siglo pasado: los coches vuelan y las personas pueden verse a través de una pantalla cuando hablan por teléfono, la segunda ya está aquí, y los profesionales de RR.HH. no podemos ser ajenos a esta revolución.

Le deseo al lector la mejor de las suertes a la hora de afrentar con éxito estas nuevas situaciones que nos toca vivir, en las que se abren oportunidades que hoy no somos ni capaces de imaginar.

CARLOS PELEGRÍN FERNÁNDEZ LÓPEZ
Director de Desarrollo y Formación de Telefónica de España

Capítulo

1

Evolución social y tecnológica

1. Cambio empresarial y evolución tecnológica

Hay tres caminos de perdición: mujeres, juego y tecnólogos.
El más placentero es el de las mujeres; el juego, el más rápido;
pero el de los tecnólogos es el más seguro.

GEORGES POMPIDOU

La tecnología está transformando las organizaciones empresariales. Cierto que no con tanta rapidez como se predijo durante los años de la burbuja de Internet, cuando supuestamente la Nueva Economía iba a eclipsar a los «ladrillos y mortero» del pasado. Pero aquellos de nosotros que recordamos cómo la máquina del fax sustituyó al telex, nos encontramos ahora conectados con el resto del mundo a través de dispositivos inalámbricos, como los teléfonos móviles UMTS, receptores de correo electrónico Blackberry y ordenadores portátiles con conexiones Wi-Fi. No existen pruebas de que toda la nueva tecnología haya hecho que los negocios sean más rentables, pero es cierto que se ha producido un incremento de la productividad, así como un mayor poder para el individuo. Y, en este nuevo mundo «siempre conectado» e «interconectado», los empleados de una organización encuentran que sus roles están cambiando.

Si la denominada «gestión científica» («scientific management») comenzó con Frederick Taylor y sus estudios del «tiempo y movimiento» de los trabajadores de fábricas a finales del siglo XIX, en este siglo XXI, el foco se centra en los procesos, en los organigramas planos, en el equipo de trabajo y en la importancia fundamental del cliente. Muchas empresas están todavía estructuradas como la Iglesia Católica, la Armada Invencible o la Mafia Siciliana. Rápidamente se convertirán en los télex de la Era Industrial. El empleado servil y leal ha desaparecido para siempre. Hoy, lo mismo cualquier experto en recursos humanos, o «capital humano», como algunos prefieren denominar su función, puedo decirle que la fuerza laboral de la empresa demanda la misma democracia que existe en nuestra sociedad. En un correo electrónico anónimo que recibí hace pocas semanas, un empleado me preguntó por qué las «parejas de hecho» del mismo sexo no podían recibir los mismos beneficios para sus parejas como la más convencional de las parejas formadas por un hombre y una mujer. Una petición perfectamente razonable en una organización como Sanitas, que se enorgullece de ser flexible, familiarmente responsable, y a la vanguardia de las nuevas tendencias empresariales.

1.1. Sanitas Seguros

Uno de los factores del éxito de Sanitas en la pasada década fue derribar los muros que podían anquilosar a una organización que dependía principalmente de su gente, ya que no fabricaba un producto, sino que vendía un servicio. Como a menudo he observado, vendemos una promesa de servicio cuya mayor parte ha sido externalizada a personal médico y hospitales, a través de una relación contractual. En realidad, sólo podemos seleccionar, formar y desarrollar a nuestros propios empleados. Por esta razón, la Atención al Cliente es uno de nuestros departamentos más importantes. Asimismo, y en la medida de lo posible, hemos intentado eliminar los signos externos de estatus. En nuestras tarjetas de visita sólo figura un nombre y una dirección de correo electrónico sin un título. El aparcamiento de nuestra sede se llena diariamente de acuerdo con el principio de «primero en llegar, primero en servirse». Y nuestro programa informático Bravo, fabricado a medida, fue diseñado por grupos de personas de diferentes departamentos y distintos niveles. Nada me molesta más que un organigrama clásico, con gente colgando, como uvas de un racimo, unas debajo de otras. Como antiguo consultor del Boston Consulting Group, mi objetivo ha sido copiar, en entidades mucho más grandes, la misma estructura que la de una firma profesional. Se puede pensar que los racimos de uvas más bajos del organigrama tradicional no pueden ser clasificados como «profesionales», pero resulta sorprendente lo motivador que resulta para un empleado de la sala de correo ser tratado como tal.

1.2. Mi aprendizaje

Mi primer trabajo, en realidad un empleo de dos meses en el verano, lo realicé en la sala de correo de Grey Advertising, 777 Third Avenue, de la ciudad de Nueva York. Y honradamente puedo decir que aprendí casi tanto sobre los negocios, en este trabajo de ínfima categoría, como en todos los cursos de MBA que estudié en la Columbia Business School, también en Manhattan. En primer lugar, cuando eres una de la uvas que cuelgan en los lugares más bajos de la organización, entiendes los efectos más negativos de la estructura jerárquica. En segundo lugar, si tienes un jefe que te apoya, como en mi caso, tu aburrido y repetitivo trabajo puede resultar tolerable. Y, en tercer lugar, un buen grupo de individuos puede conducir a la camaradería y al trabajo en equipo, lo que es mucho más productivo que un grupo disparatado de individuos, cada uno yendo en su propia dirección. Todas estas lecciones sobre teoría organizativa y gestión básica pueden parecer obvias, pero nadie sabe cuántas compañías las ignoran en la práctica.

La otra experiencia destacada de aprendizaje en una agencia publicitaria, incluso en la sala de correo, es la importancia del cliente. Pocas empresas están más orientadas al cliente. Por ejemplo, cuando tuvimos que realizar la entrega urgente de un sobre a Sombreros Knox, un cliente de la agencia, el mensajero asignado tuvo que llevar un sombrero ligero de fieltro que colgaba de un gancho en una esquina de la sala de correo. Con el desarrollo de las nuevas tecnologías, ahora es posible ser incluso más preciso al conectar con los clientes.

1.3. El valor del cliente

Pero, ¿cuántas empresas conocen el coste de captar un cliente nuevo? ¿cuántas son conscientes del valor de la permanencia de sus clientes? y ¿cuántos verdaderamente entienden la rentabilidad por canal de distribución? Con las nuevas herramientas CRM (gestión de la relación con el cliente) es posible incluso ahondar con mucha mayor profundidad en cada cliente individual y diseñar productos y servicios específicos a los más prometedores. Por ejemplo, después de depositar el pago de mi bono anual en mi cuenta de Bankinter, recibí una llamada unos pocos días más tarde de un ejecutivo de cuenta con una lista de posibles productos bancarios que tal vez podría desear comprar. Me explicó que mi nombre le había saltado en la pantalla de su nuevo sistema CRM.

En Sanitas nuestro punto de contacto principal con nuestros «socios», término que utilizamos para designar a nuestros clientes, es el teléfono. Ofrecemos un centro de atención telefónica que funciona de 8 a 22, es decir, catorce horas al día. Además de esta posibilidad, damos también un servicio de teléfono de emergencia de 24 horas. También existe un tercer centro de atención telefónica que opera con nuestras cuentas de empresa. Pero la clave de este eficiente servicio telefónico es la tecnología. En nuestro sistema Bravo, fabricado a medida, se invirtió mucho tiempo y esfuerzo en la obtención de la máxima información en la pantalla del terminal informático, situado delante de cada operador.

De esta primera página o pantalla se puede extraer toda la información clave sobre el socio. Por ejemplo, usando una serie de semáforos, que pueden estar verdes o rojos, uno puede deducir si la cuenta está al día en el pago de las primas, y si existe un valor de duración positivo o negativo. En otra sección de la pantalla aparecen posibles contactos del cliente y debajo están todas las visitas a profesionales médicos, así como las fechas de cada tratamiento. En la esquina superior derecha aparece la característica más inusual: se trata de un monitor circular, similar al velocímetro de un coche, en el que una aguja indica la propensión a la baja del cliente. En el negocio de los seguros médicos, todo cliente nuevo para el servicio, o que raramente lo utiliza, presenta una elevada posibilidad de abandono. Paradójicamente, y al contrario de la mayoría de los negocios, los «usuarios frecuentes» son los peores clientes en términos de rentabilidad, aunque resultan ser los más leales. Por supuesto, la calidad de este análisis tiene que ver con la sofisticación del programa, que mejora con la práctica.

El sistema Bravo sobre la pantalla del operador telefónico es CRM puro, antes de que fuera acuñado el término. Curiosamente, en esta era en la que las empresas han reducido el gasto en tecnología de la información y están comprando paquetes de software, en lugar de desarrollar sus propias aproximaciones al cliente, Sanitas ha ido en sentido opuesto. Después de intentar adaptar un paquete de Erisco, una empresa norteamericana de software, acordamos muy pronto que sería mejor diseñar nuestro propio sistema partiendo de cero.

El reto consistía en cambiar de un sistema informático centralizado, que gestionaba un producto, a un sistema de red informática distribuida, que tenía una capacidad multiproducto. Se constituyó un equipo interno, el proyecto se denominó Bravo y el proyecto Erisco fue cancelado. El problema básico con el software estadounidense era que los seguros médicos en España son negocios muy diferentes. En primer lugar, no podíamos encajar los largos apellidos españoles en el espacio facilitado. «Álvarez de Toledo» se convertía en «Alvarez de T». A continuación, el sistema español de pago mediante débito directo en el banco no se usa en Estados Unidos. Nuestra conclusión: aunque un paquete de software ya existente parezca más económico inicialmente, puede no ser capaz de gestionar sus necesidades (ver Gráfico 1).

Debido a que cuesta tanto adquirir un nuevo cliente, las empresas saben que vale la pena invertir dinero en conservar los actuales. En un negocio que pierde en torno al 10 por ciento de sus clientes anualmente, existen muchas oportunidades de probar diferentes aproximaciones para la retención de los clientes. Además, resulta sorprendente lo importante que son los pequeños gestos personales para hacer que un cliente se sienta único y no uno más entre el millón y pico de miembros de Sanitas. Por ejemplo, cuando una mujer da a luz, la empresa la obsequia con un pequeño juego de productos infantiles.

1.4. Ventajas de las nuevas tecnologías

Las nuevas tecnologías han sido especialmente útiles en la reducción de los costes de captación de nuevos socios. Sanitas consigue ahora en torno al 14 por ciento de sus nuevos miembros a través del teléfono o Internet. Obviamente, éstos son canales de bajo coste. En ambos casos, no hay agente o intermediario y se evitan los importantes costes de una oficina de calle. Sanitas, al beneficiarse de una temprana adopción de nuevas tecnologías, accedió al mundo de Internet con una página web en 1995. Poco después, Sanitas se convirtió en el primer asegurador español que vendía pólizas en la red. Ahora, casi una década más tarde, con la aceptación de la firma electrónica, es posible completar el ciclo de compra completo a través de Internet sin tener que enviar impresos para ser firmados por el nuevo cliente. Sólo Línea Directa y Direct Seguros, que no son aseguradoras multicanal, venden actualmente más que Sanitas a través de Internet. Y en el estudio anual de Capgemini sobre las webs de empresas de seguros, realizado en julio de 2003, Sanitas figuraba en la cima del sector de los seguros médicos (ver Gráfico 2).

Las nuevas tecnologías también han ayudado a facilitar a los socios de Sanitas el acceso al servicio. Cuando me incorporé a la empresa, en 1991, toda-

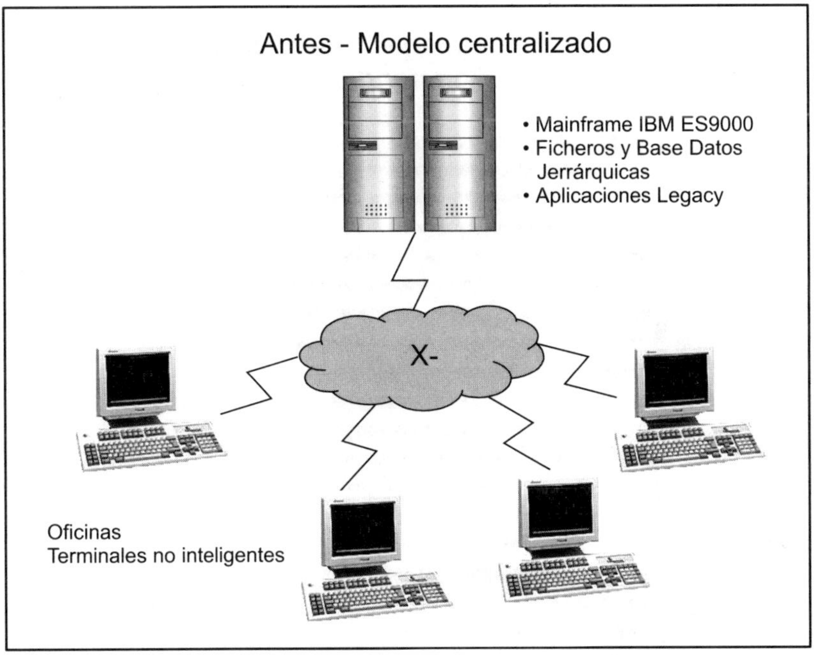

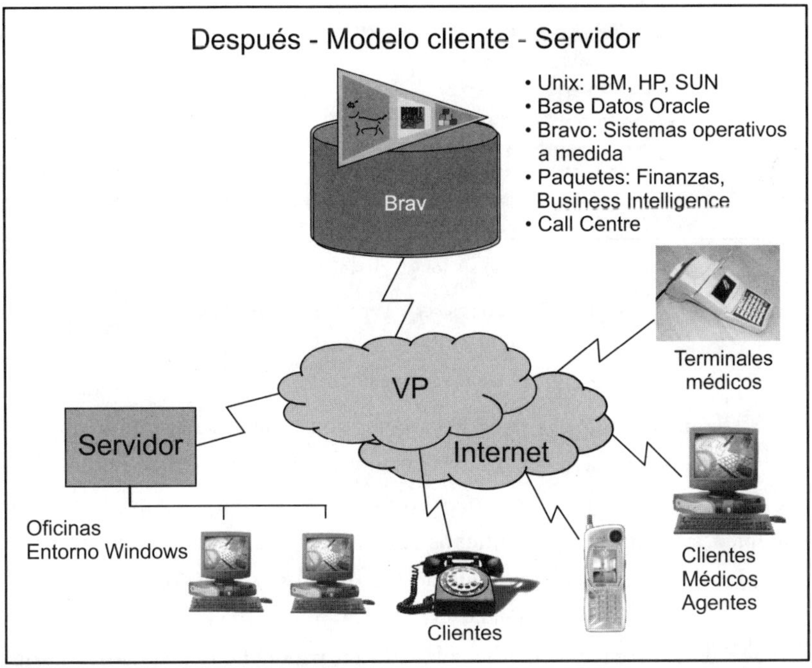

Gráfico 1: Evolución tecnológica de Sanitas. El Proyecto Bravo.

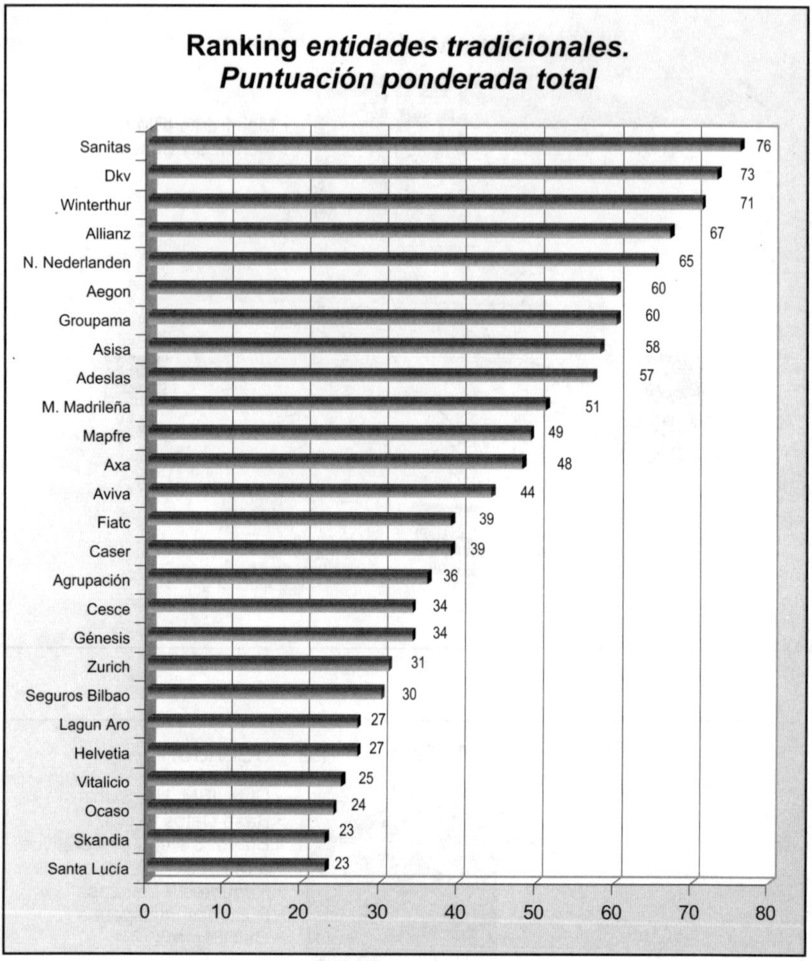

Fuente: CapGemini. Informe sobre el sector asegurador en Internet (julio de 2003).

Gráfico 2: Empresas de seguros en Internet.

vía existía un sistema en el que los asegurados tenían que comprar un talonario de cheques. Cada vez que visitaban a un doctor le daban uno de esos cheques de papel. Al final del mes el médico unía su pila de cheques y los enviaba a la empresa o, en muchos casos, venía en persona a nuestras oficinas. La empresa era responsable de totalizar los resguardos de papel y de pagar al doctor en consecuencia. Éste era el primitivo y tradicional método de pago de los servicios médicos basado en papel. Tenía una característica financiera atractiva para la empresa: los clientes pagaban los talonarios de cheques de manera adelantada, antes de usarlos, y la empresa, por tanto, tenía acceso a estos fondos temporalmente. Pero obligar a que los clientes vinieran a nuestras oficinas para comprar talonarios de cheques no era realmente cómodo para el cliente.

En 1992, Sanitas introdujo un sistema de tarjeta, similar al de una tarjeta de crédito bancario que usaba la red Visa para su autorización. Cada doctor o centro médico tenía un terminal y la tarjeta tenía una banda magnética con la información clave para fines de facturación. La decisión fundamental era decidir si hacer este sistema exclusivo de Sanitas o dejar que otras empresas compartieran la nueva tecnología y la desarrollaran con más rapidez y de forma económica. Nuestra decisión fue compartir la tecnología y cargar a las otras empresas cada vez que una tarjeta era «pasada» por uno de nuestros terminales. Se constituyó una nueva empresa, denominada Chip Card, para separar a Sanitas de la comercialización de esta nueva tecnología. Hoy, todas las aseguradoras de salud, excepto una importante, están utilizando el sistema que lideramos y, por otra parte, ningún cliente de seguros médicos tiene que ir a una oficina para comprar un talonario de cheques.

La facturación de los médicos se realiza ahora electrónicamente en un 80 por ciento, a través de un terminal enlazado con nuestro departamento de Gestión Asistencial. Una pequeña cantidad de médicos todavía prefiere pasar la tarjeta de crédito a través de un sistema de recibo manual de papel, pero la gran mayoría entiende las ventajas de una transmisión electrónica instantánea. Los costes de procesado de datos, el número de doctores que tratan a la gente y las facturas de los hospitales se redujeron sustancialmente. Éste es uno de los ejemplos más claros de una tecnología que proporciona una solución de ganador/ganador, tanto para el pago como para la facturación. Sólo en un sector adormecido, como el de los seguros médicos, hubo que llegar hasta 1992 para desarrollar la solución electrónica de un servicio básico necesario.

Aunque el sistema de Chip Card mejoró el acceso al servicio y a la facturación del médico, los asegurados todavía tenían que ir a una oficina a sellar los volantes para los servicios más caros. Aunque, como método de control médico era una molestia, se consideró vital. Pocos años después del lanzamiento del sistema de tarjeta, se desarrolló la autorización telefónica de volantes. A los asegurados se les facilitaba un número de código para poner en su volante, que serviría como autorización del servicio en el centro médico de su elección. Más recientemente se han instalado los terminales Creta y TEAM en los centros médicos y hospitales de volumen más elevado. Estos terminales más sofisticados incorporan un software que, no sólo permite el procedimiento de facturación, sino también la autorización al asegurado de servicios más complejos y, por tanto, más caros (ver Gráfico 3).

A la larga, cuando todos los médicos tengan ordenadores en sus oficinas, será posible diseñar un sistema basado en Internet. Desde luego, es de gran importancia la protección de los datos, un área de especial preocupación en

Gráfico 3: Vías de autorización de servicios.

nuestro negocio, pero, a través de Internet, los costes se reducirán y las transacciones ya no requerirán pasar a través de un servicio de autorización de Visa. Sorprendentemente, los profesionales de las ciencias médicas son los últimos en adoptar las nuevas tecnologías, como son los ordenadores personales. De hecho, en Estados Unidos, el sueño de un sistema de facturación de médicos a través de Internet fue declarado maldito, cuando la mayoría de los médicos prefirieron continuar con su facturación mediante tarjetas de crédito y cheques bancarios. Healtheon, una empresa diseñada para este servicio, alcanzó una capitalización en el mercado de 5.600 millones de dólares antes de desintegrarse como una supernova.

1.5. Gestión asistencial

Fue en los EE.UU. donde se acuñó el término de «gestión asistencial» («managed care»). En comparación con España, las pólizas de seguros médicos alcanzan el doble, e incluso el triple, para una cobertura similar; claro que, con un médico que obtiene 250.000 $ al año, de promedio, y una cama de hospital con un coste superior a 1.000 $ la noche en la ciudad de York, existe una justificación para los elevados precios cargados por el seguro. Con el fin de controlar los costes, las empresas están desplazando la mayoría del gasto a los trabajadores, en términos de franquicias y con copagos más elevados. En el modelo norteamericano hay bajos costes de distribución y de adquisición dado que sólo existe el mercado de colectivos de empresas. Las compañías son muy recelosas de aceptar individuos debido a la «selección adversa». Esto significa que aquellos individuos que buscan cobertura representan un «riesgo elevado», pues prácticamente todos –excepto los bien aireados 40 millones sin seguro– tienen un plan financiado por la empresa.

En España, desde luego, el mercado es significativamente diferente. El número de particulares está próximo a la mitad de los clientes de Sanitas y representa el grueso de los beneficios. El negocio empresarial está ligeramente por encima del 50 por ciento y contribuye mínimamente a las ganancias. Pero copiar algunas de las técnicas de gestión asistencial desarrolladas en Norteamérica, y basarse en una tecnología similar para el control de los costes médicos, ha demostrado ser importante. Ningún asegurador médico en España se aproxima al porcentaje de gasto en primas que un asegurador promedio estadounidense dedica al control del coste médico. Pero Sanitas, después de estudiar el modelo de empresa de seguros médicos de EE.UU., puede ahora llegar al detalle más pequeño de cada práctica médica. Los que figuran, en términos de un alto gasto o tratamiento excesivo, pueden ser detectados con rapidez. Y, aparte de una atenta selección de riesgos en el punto de venta, el control del coste médico ha sido uno de los puntos clave de diferenciación entre Sanitas y otros aseguradores médicos españoles. Sin ninguna sorpresa, Sanitas ha tenido estos últimos años unos beneficios operativos superiores a la suma de sus dos competidores más directos, los cuales tienen unos ingresos por primas superiores.

1.6. Tecnología de la publicidad

El éxito de la última década ha sido el resultado de una orientación constante al personal de la organización, al control de los costes médicos, y a una comercialización y servicio al cliente mejores. La tecnología, según lo comentado, ha desempeñado un papel muy importante en todas estas áreas; incluso la publicidad, que se considera predominantemente un campo creativo, ha sido un componente tecnológico importante: basta preguntar a cualquier comprador de medios. Hace veinticuatro años, cuando llegué a España, sólo había un canal en color y TVE-2 todavía emitía en blanco y negro. Todas las noches, sin importar cuál fuera la programación, la audiencia oscilaba en torno a 17 millones. Hoy, con suerte, un programa de éxito puede alcanzar 7 millones, ya que la audiencia está fragmentada entre los cuatro canales principales, tres nacionales y uno regional.

Hoy día, la agencia de compra de medios se ha convertido en algo casi tan importante como una agencia publicitaria. Lo que una vez eran los GRPs («puntos de *rating* totales») y OTS («oportunidades de visión») ahora además es complementado con un estudio cuidadoso de la audiencia que incluye el abanico de edades y los ingresos medios. Con unas pausas publicitarias de diez minutos o más, la posición en la serie de anuncios se convierte en crucial. La colocación de productos «product placement» también se ha convertido en una alternativa interesante, especialmente en programas que tienen el *mix* de audiencia correcto. Pronto la tecnología convertirá la televisión de sujeto pasivo en interactivo y las compañías serán capaces de mantener comunicaciones bidireccionales con sus clientes.

1.7. Nuevas tecnologías médicas

Entre los desarrollos futuros relacionados con la atención médica se incluye la telemedicina, que consiste en la comunicación mediante banda ancha del ensayo de diagnóstico desde lugares remotos a centrales. Actualmente, Sanitas está realizando un programa piloto con los ferries de Trasmediterránea y una monitorización central de 24 horas en nuestro hospital ICE. Otro ejemplo es el programa piloto de movilidad extrema (x-mob) que opera conjuntamente con DMR Consulting, Telefónica, Telecom de Italia, los servicios de urgencias de Madrid y Génova (Samur y 118) y Sanitas. Mediante un pequeño dispositivo portátil que transmite voz, texto e imágenes a una plataforma central, puede transmitirse información detallada sobre personas lesionadas a la sala de emergencia de un hospital antes de que ellos lleguen. Esto puede incluir fotos de la lesión e incluso historiales médicos de los individuos (ver Gráfico 4).

Con la digitalización de los ensayos de diagnóstico, el historial médico completo puede aparecer ahora en un monitor de ordenador con un simple clic de ratón. Esto significa que muchos ensayos costosos no tienen que repetirse y, una vez que los médicos se vuelvan menos posesivos sobre sus historiales clínicos, tanto los sectores médicos públicos como los privados podrán

Gráfico 4: X-MOB.

proporcionar un servicio más rápido y económico. Curiosamente, el sector médico, tan implicado en el uso de la última tecnología en todos sus procedimientos, probablemente será el último área donde la tecnología produzca ahorro de costes. Hasta ahora, los desarrollos tecnológicos han servido para incrementar el gasto del tratamiento médico. La máquina de resonancia magnética, por ejemplo, se vendió como una mejora del TAC, que a su vez era una mejora de una máquina de rayos X convencional. No sólo cada nueva máquina ofrece una mejor resolución, sino que cada vez es más cara. Y las viejas tecnologías nunca se vuelven obsoletas, por lo que hay muchos casos en los que un paciente es examinado con rayos X y, a continuación, con una resonancia magnética.

Posiblemente la oportunidad más importante de ahorro de costes en el sector de la salud pública sea el sistema de tarjetas, bien con banda magnética o con un chip. No sólo un sistema de tarjeta único facilitará el acceso a servicios por todo el país, sino que también puede ser empleado, como en el sector privado, para la recogida de un copago. Alemania, por ejemplo, acaba de comenzar a cargar un copago de diez euros por la mayoría de los servicios médicos, emergencias aparte. Pero, en la actualidad, en España existen diferentes sistemas de tarjetas, de acuerdo con la comunidad autónoma, y la posibilidad de una tarjeta compatible es todavía un sueño difícil de alcanzar. Además, la idea de introducir un copago, como en la mayoría de los países europeos, hace temblar a los políticos.

1.8. Tecnología en la empresa

Sin embargo, en el mundo de hoy, las nuevas tecnologías han sido usadas en la mayoría de los negocios para reducir costes y mejorar la productividad. En agosto de 2000, *Business Week* realizó cálculos y concluyó que los costes medios de transacción bancaria eran de 1,25 $ en oficina, 0,54 $ a través del teléfono, 0,24 $ utilizando un contestador telefónico y sólo 0,02 $ mediante Internet. Aunque, desde luego, todas las empresas tienen acceso a Internet y todas pueden contratar consultores de Accenture, Capgemini o DMR para el desarrollo de nuevos sistemas. La red se ha convertido en un artículo como la electricidad, sólo puede utilizarse como una ventaja competitiva de corto plazo. La famosa «ventaja del primer entrante», así promocionada durante los años de la burbuja de Internet, ha demostrado ser una falacia.

Aunque en 1962, cuando American Airlines desarrolló su sistema propietario Sabre, tuvo como mínimo una década de ventaja competitiva sobre los sistemas de reservas de otras líneas aéreas, hoy la ventaja puede ser de unos meses. Como otros productos básicos, la tecnología de la información representa parte del coste de hacer negocios. Y la reciente orientación es la reducción de costes a través de la externalización de todos los procesos de datos hacia un IBM o EDS. Y, para ciertos procesos de elevado volumen, las empresas están externalizando al personal de India, Rumania, Chile o Cuba.

1.9. Máquinas inteligentes

La próxima generación de desarrollo tecnológico puede demostrar ser más interesante, especialmente si alcanzamos la era en que los ordenadores superen a la inteligencia humana. Usando el famoso ensayo descrito por Alan Turing, un científico británico, en 1950, uno puede determinar si una máquina ha logrado un nivel de inteligencia humana. En el ensayo de Turing, tanto una máquina como un hombre están encerrados en salas independientes, cada uno con un terminal de ordenador. Un juez humano los entrevista a ambos, y si éste no puede determinar cuál es el ser humano, entonces la máquina es tan inteligente como el hombre. La mayoría de nosotros recuerda que en 1997 un ordenador de IBM llamado Deep Blue derrotó a Gary Kasparov, por aquel entonces campeón mundial de ajedrez. Recientemente, Kasparov alcanzó un empate con un ordenador incluso más sofisticado, llamado Fritz. La evidencia demuestra que la máquina se está aproximando al hombre, especialmente en tareas que requieren un estudio rápido de numerosas variables.

Mientras los super-ordenadores pueden determinar con rapidez la trayectoria de un cohete de la Tierra a la Luna, tienen mucha más dificultad en escribir un chiste. El humor, y en general, todas las emociones son la última barrera que las máquinas tienen que cruzar antes de que la denominada inteligencia artificial (IA) se conviertan en una realidad. Mientras tanto, Hans Moravec y otros científicos de la Carnegie-Mellon University de Pittsburgh, Pensilvania, están trabajando sobre robots inteligentes.

Imagine la empresa del futuro provista de robots. Olvide las normas sindicales y las relaciones laborales. Éstas son sólo máquinas conectadas con programas especiales. Pero estarán manejando todas las tareas de procesado básicas y los trabajos rutinarios. En medicina, todos los cirujanos serán robots, algunos con miles de dedos para reparar con rapidez los órganos y venas en un transplante de órganos. El Futurismo, desde luego, es una ciencia difícil. Después de todo, muchos expertos se han equivocado. He aquí algunas famosas predicciones realizadas por personas altamente cualificadas:

> *El teléfono tiene demasiados defectos para ser considerado de forma seria como un medio de comunicación.*
>
> Ejecutivo de Western Union, 1876

> *No es posible el vuelo de máquinas más pesadas que el aire.*
>
> Lord Kelvin, 1895

> *Los aviones no tienen valor militar.*
>
> Mariscal Ferdinand Foch, 1912

> *Creo que hay un mercado mundial para tal vez cinco ordenadores.*
>
> Thomas Watson, 1943 (Presidente de IBM)

> *640.000 bytes de memoria deberían ser suficientes para cualquiera.*
>
> Bill Gates, 1981

1.10. El desarrollo tecnológico

Aunque nadie sabe exactamente qué tecnologías serán más beneficiosas para nuestra sociedad del futuro, pueden estar seguros de que allí habrá algunos genios empresariales para convertirlas en una industria productiva y rentable. Aunque todos tienen el mismo acceso a las nuevas tecnologías, no todos tienen lo que se califica como «inteligencia contextual». Ésta se materializa en el genio empresarial que llevó a John D. Rockefeller a construir un monopolio en la industria del petróleo, cuando muy pocos entendieron el valor de este producto. O Henry Ford, que desarrolló la producción de coches económicos en líneas de montaje, cuando la mayoría los vio como un artículo de lujo para unos pocos. O, en los últimos años, la inteligencia que guía a Jack Welch a orientar a General Electric hacia los negocios que demostraron ser de elevado margen, como equipos médicos, turbinas de avión y servicios financieros, lejos de las industrias básicas de su pasado. Es esta capacidad de usar la inteligencia, en el contexto de estos tiempos tecnológicos, la que producirá negocios duraderos.

El reto real será cuando uno de los negocios tecnológicos decisivos sea creado por un Guillermo Portillo en lugar de un Bill Gates. Desde luego, el primer reto requiere que España invierta más en educación y en I+D, dos objetivos del nuevo gobierno de Zapatero. En el último Foro Económico Mundial (World Economic Forum), famoso por sus reuniones de políticos y economistas en Davos, se publicó un *ranking* sobre la competitividad tecnológica en 102 países. Y, España, tristemente, había caído cuatro posiciones hasta el puesto 29, detrás de Luxemburgo y Malta, pero por delante de Portugal y Grecia. Estados Unidos, seguida por Singapur y Finlandia, encabeza la clasificación.

Sólo el esfuerzo conjunto del gobierno, comunidades académica y empresarial, e inversiones en I+D doble o más al 1 por ciento del PIB actual, podrán llevar a España a los lugares más elevados de la escena tecnológica mundial. Examinemos el éxito de Finlandia, con su 3,4 por ciento de PIB invertido en investigación. Nokia, Linux y Transmeta, una empresa de chips, han surgido todas en este fértil terreno tecnológico. Y se logró en una década, después del colapso de Rusia, su principal socio comercial. España, con 43 millones de habitantes, es un país más grande para enlazar con banda ancha, ADSL y cable. Pero si la función final de los negocios es el avance de la sociedad, entonces la tecnología tiene que ser la infraestructura principal en este amanecer del siglo XXI. Sólo debemos tener cuidado para que los tecnólogos no nos lleven al camino de la perdición, sino hacia la cima de la montaña del desarrollo científico y a una mejor calidad de vida.

1.11. Bibliografía

CASTELLS, M. (2001): *La Galaxia Internet*, Plaza y Janés, Barcelona.

IKONICOFF, R. (1999): *La Conciencia y la Máquina,* Galaxia Gutenberg/Círculo de Lectores, Barcelona.

KURZWEIL, R.: *The Age of Spiritual Machines,* Penguin Putnam, Nueva York, 1999.

PERKINS, A. (2000): *The Internet Bubble*, Harper Collins, Nueva York.

PUNSET, E. (2000): *Manual para Sobrevivir en el siglo XXI*, Galaxia Gutenberg/Círculo de Lectores, Barcelona.

RIDDERSTRÅLE, J. Y NORDSTRÖM, K. (2004): *Karaoke Capitalism,* Prentice Hall, Madrid.

2. Las personas y la tecnología en la empresa

Recientemente he tenido, por razones profesionales, la oportunidad de visitar uno de los 10 países que acaban de incorporarse a la Unión Europea. Es un país muy similar al nuestro en términos de tamaño de población e incluso me atrevería a decir que me recuerda en muchos aspectos a la España de 1985.

El objetivo de mi viaje era mantener una serie de encuentros bilaterales con los principales presidentes del movimiento cooperativo financiero del país, e intercambiar experiencias relativas al proceso de adaptación que en su día tuvimos que hacer derivado de nuestra adhesión a Europa.

Me llamó especialmente la atención de este encuentro la enorme preocupación que cada uno de los presidentes sentía ante la avalancha de cambios de todo orden que tenían que acometer. Estaban centrados fundamentalmente en las muchas actividades, normas, nuevos conceptos, programas e inversiones que se presentaban ante ellos. Albergaban la duda de si serán capaces de llegar a tiempo.

Recuerdo que en una de nuestras últimas reuniones y entre tanta incertidumbre como me manifestaban, les comenté: «Señores, no están sabiendo entender su nueva realidad, están ustedes pensando exclusivamente en las cargas de trabajo, el reto de su éxito no radica ahí; alcanzarán sin ningún tipo de problema la convergencia requerida si son capaces de comunicar a las personas las razones del cambio e ilusionarles en los fundamentos de los mismos».

Ya cuando regresaba de nuevo para España, el Presidente de la federación de todas las cooperativas me manifestó que se había dado cuenta de la diferencia existente entre su forma de entender la empresa y la visión que nosotros le habíamos transmitido.

Ellos seguían anclados en una concepción industrial, su recurso estratégico continuaba siendo el capital y concebían el éxito empresarial en la existencia de una estructura jerarquizada que cumple escrupulosamente con las funciones y matrices definidas desde la corporación. El valor de la realización personal, el flujo y canalización de las ideas, el trabajo en equipo, la visión compartida y la flexibilización de la organización en función de la exigencia del mercado, eran conceptos que probablemente habían escuchado pero que jamás se habían planteado como palancas del éxito ante el cambio inmediato.

Me satisfizo escuchar a mi interlocutor que iba a iniciar próximamente sus vacaciones y que pensaría detenidamente en todas nuestras conversaciones y daría toda la importancia a una de mis reflexiones sobre que el valor de la empresa está en función de las personas que en ella trabajan.

He querido empezar este capitulo transmitiéndoles este encuentro profesional pues verdaderamente creo que sirve y se adapta al título que me han pedido sobre las personas y la tecnología en la empresa.

Sin duda, del encuentro que he relatado, claramente se desprende que mis colegas hoy ya dentro de la nueva Europa de los 25 están empezando a darse cuenta de que su nuevo reto no radica en la visión interna de las cosas, en una concepción matricial de las tareas, en el orden jerárquico de las decisiones como garantía en la cadena de valor; surge para todos nosotros un concepto dinámico, amplio, exigente, de cambios continuos y a veces inesperados que se concentran en un nuevo orden aglutinador denominado: *el mercado*. De tal manera irrumpe este concepto en nuestras vidas que las decisiones sobre lo que tenemos que hacer ya no están situadas en quienes hacemos o producimos; la decisión está en quienes compran o consumen, y que de forma genérica denominamos: *los clientes*.

Y son precisamente ellos con su decisión quienes obligan a las empresas a estructurarse de una forma completamente distinta a como lo veníamos haciendo desde mediados del siglo XX. Sin lugar a dudas no existirán las empresas que no entiendan que su supervivencia estará en la decisión del cliente. El empresario ya no domina el futuro y el destino de su compañía, tiene que ser capaz de entender esta nueva realidad y precisamente desde el cliente vertebrar la visión y la misión de lo que tiene que hacer. Ello implicará cambios radicales en la concepción empresarial.

Vivimos una nueva era que algunos han denominado como la revolución tecnológica, otros como la era de la sociedad del conocimiento e información y yo me atrevería a definirla en términos empresariales como la era de las personas. Estoy convencido de que la persona será el valor fundamental de la empresa en ella reside de verdad la creación de futuro, como he dicho anteriormente.

Ello no quiere decir que pierda significado la tecnología, sería ilógico pensar en desarrollo empresarial o social sin apoyarlo en la evolución tecnológica. Me atrevería a decir más: sin dicha evolución tampoco la empresa tendría futuro. Y llegados a esta cuestión sí cabe hacer una afirmación rotunda: siempre la tecnología debe estar y estará al servicio de las personas.

En todo caso la tecnología es mucho más de lo que algunos piensan al concederle exclusivamente la función de herramienta. En cualquier empresa de tamaño medio o grande las tecnologías representan uno de los palancas visibles del cambio y el desarrollo empresarial, no sólo en términos de eficiencia, que ya sería un marcado logro, generando una utilización de los recursos con el mínimo coste alcanzando el máximo rendimiento y calidad. Sino, además, como motor de la evolución de la cultura empresarial y de la dinamización formativa de los trabajadores.

Hoy los profesionales estamos unidos indefectiblemente en nuestro quehacer diario a todo un conjunto de máquinas, programas, sistemas, comunicaciones sin los cuales no podríamos realizar mínimamente las actividades que tenemos que desarrollar y, lo que es más importante, el uso de todas esas tecnologías ha modificado de manera sustantiva no sólo nuestras formas de hacer, sino que van incidiendo en nuestros esquemas de relación con los demás y modificando nuestro sistema de aprendizaje y de formación de criterio y reflexión.

Es precisamente a través de la tecnología como se han ido incorporando en nuestro activo profesional conceptos cualitativos nuevos tales como la dimensión del tiempo al cambio y la velocidad a la que se produce, el estímulo creativo, la interdependencia, la relación deslocalizada, etc.

No arriesgo nada al aseverar que los profesionales de una empresa se distinguen más de otros —y cada vez lo harán aún más— en función de la importancia estratégica que sus dirigentes otorguen al proceso tecnológico y a la capacidad y oportunidad que den a sus profesionales de enraizar la tecnología en sus quehaceres diarios.

Entendida así la tecnología como una palanca en la evolución empresarial, otorgará un factor diferenciador y estratégico de aquellas otras empresas que sólo le dan la importancia de funcionamiento útil y eficiente en el proceso productivo.

En el primer caso, como decía, la tecnología revolucionará la forma de concebir y definir la empresa y afectará a sus individuos condicionando sus perfiles profesionales.

Será necesario pensar en una nueva estructura de la organización formada no por jerarquías sino por equipos de trabajo de alto rendimiento interconectados e interdependientes que trabajen en una visión común y compartida.

Este nuevo modo de entender la empresa exige definir de forma clara, y que alcance a todos los miembros de la compañía, los objetivos corporativos y requerirá una definición precisa de la cultura empresarial con asignación y definición de los valores y principios que regirán el desarrollo de las organizaciones.

Será necesario potenciar a través de las herramientas adecuadas, para que este tipo de empresas tenga futuro, la motivación de las personas, su formación, la correcta comunicación y el estímulo al trabajo en equipo.

De hacerlo así, la tecnología, además de generar valor se convertirá en un factor estratégico difícil de copiar y creará barreras entre los competidores.

Fundamentando, aunque sea de forma breve, la importancia que tiene la tecnología como lenguaje diferenciador entre las empresas, es necesario profundizar en el binomio tecnología-personas; y en este sentido quiero posicionarme desde el principio, manifestando que en términos empresariales no puede disociarse el concepto, si bien es cierto como ya he manifestado antes que el factor clave y estratégico en esta nueva era empresarial serán las personas por encima de cualquier otro.

Las personas serán el núcleo primordial de las empresas y alcanzarán precisamente este protagonismo por el apoyo prestado por la tecnología. Hoy más que nunca los profesionales tenemos la capacidad de progresar, de estar intercomunicados con grupos homogéneos y heterogéneos, no existen ya las distancias físicas, están rotas de hecho las fronteras nacionales; a través de la red podemos comunicarnos con otros sectores empresariales o sociales y, como decía «Masuda»: «En la sociedad global de la información, todos los ciudadanos estarán unidos entre sí por una red global de información y conocimiento, dirigida hacia la información de una conciencia global que barrera las diferencias culturales, intereses y nacionalidad...».

En la actualidad, la tecnología permite nuevas formas de relacionarnos y nos deja tiempo libre para poder dedicarlo a tareas de autorrealización personal y profesional. De manera que sí, es cierto que con el uso de las tecnologías surge un nuevo enfoque empresarial tanto desde el punto de vista del empresario como de los profesionales que en ella trabajan.

Para mantener ese espíritu de empresa innovadora y con futuro, sin duda es necesario que tanto el empresario como sus equipos de trabajo transmitan al resto de colectivos de profesionales una visión clara, concreta, basada en el desarrollo y en la innovación y reafirmen permanentemente a través del área de personas y de la alta Dirección la importancia que para la empresa tiene la tecnología; no tendrán éxito las corporaciones que no tengan la implicación de los de «arriba». Hay muchas veces en las que el discurso del líder no es creíble y no guarda sintonía con el discurrir de los acontecimientos cotidianos de la compañía.

Si se considera que la tecnología no es sólo una herramienta, sino que para la empresa es un factor estratégico de diferenciación, habrá que adoptar todo un plan de acción y comunicación que alcance a todos los individuos pertenecientes a la misma, deberán ser un plan progresivo y permanente que vaya calando en todos los «rincones» de la compañía.

Para incrustar esta idea, será necesario, además de una absoluta implicación de la Alta Dirección, no sólo en el mensaje, sino además crear en la empresa un clima de proactividad hacia las nuevas tecnologías, desarrollando incentivos de todo orden que haga creíble la visión transmitida. Habrá que presentar a los profesionales las ventajas que para su actividad les reportará el uso de las nuevas herramientas, la desburocratización en sus tareas, la creatividad en su trabajo como consecuencia de la incorporación de los nuevos programas o procesos. El ahorro de tiempo y de costes que tendrán para la propia empresa, y sobre todas las ventajas que reportará para el cliente.

Hay que hacerles comprender a los profesionales que el proceso de adaptación al cambio merece su esfuerzo si con ello conseguimos una mayor satisfacción en nuestros clientes e, incluso, les sirve como herramienta de retención y captación de otros nuevos. Nuestros trabajadores deben entender que el futuro de la empresa en un mundo tan competitivo y globalizado como el actual viene de la mano de la velocidad y agilidad con la que seamos capaces de asumir el cambio. Recuerdo el título de aquel libro que manifestaba que en el mundo actual no es el pez grande el que se come al chico sino que es el rápido el que se come al lento.

Nuestros trabajadores deben tener claro este concepto. Como ya he manifestado anteriormente la decisión de que una empresa continúe su actividad ya no está sólo en manos del empresario, cada vez está más cerca de los clientes que tiene. Por ello es necesario emplear todas las técnicas y herramientas que hagan más fructífera nuestra relación con ellos.

En este sentido, es bueno que todos sepamos en las empresas que los clientes, además de poder elegir entre distintos proveedores tienen la capacidad de actuar directamente y con una rapidez inusitada sobre la opción mejor valorada por ellos.

Hoy el gran reto que tienen los empresarios es cautivar a sus clientes y mantener en el tiempo una relación sin fisuras, aprovechando todo tipo de información que permitamantener con ellos una relación más eficiente y de calidad.

Ya no importa tanto el canal utilizado, será el propio cliente quien decida el mecanismo de aproximación para relacionarse con la empresa.

De ahí la importancia de no renunciar a la capacidad que dan las nuevas tecnologías. En definitiva, hay que buscar la máxima relación entre la calidad y la eficiencia empresarial.

Claramente hoy en día para un grupo cada vez más mayoritario de clientes esta relación está en la red son clientes muy bien informados que tienen capacidad de contrastar nuestros productos y compararlos con los de nuestra competencia. Se trata de clientes que ya no permiten la relación biunívoca a menos que seamos capaces de atender todas sus necesidades, no consideran la relación de fidelidad si no es abiertamente generadora de valor para ellos.

Cualquier error en la relación con este tipo de clientes posiblemente lleve aparejada la deserción. Ya no es garantía de éxito ofrecer buenos productos con una relación de precio adecuada si no somos capaces de ofrecerles más, mejor y en menos tiempo que nuestros competidores.

De esto saben mucho en la industria automovilística; todos sabemos también que los coches se fabrican en función de gamas, y hay veces que un cliente acude a un concesionario concreto para adquirir un determinado vehículo, si la respuesta del concesionario no es la esperada —por ejemplo en el plazo de entrega—, acudirá a otro concesionario distinto, de otra marca; en cambio, si le dan la respuesta deseada, adquirirá ahí el vehículo.

Ésta es una situación que se da diariamente en los distintos sectores de actividad.

Hemos pasado de trabajar en un mercado con sus reglas claramente definidas, preocupados por la búsqueda de la satisfacción del cliente, a un mercado en el que nuestros competidores desarrollan todo tipo de estrategias y emplearán todas las herramientas a su alcance para retener a sus clientes y llegar antes que nosotros a los nuestros.

Sólo las empresas que tengan claro que éstas son las muevas reglas del mercado tendrán capacidad para crecer en el número de clientes, el resto mucho me temo que de forma vertiginosa irán desapareciendo. En esta nueva situación, es cierto que las compañías que hayan apostado por conocer bien a sus clientes y tengan correctamente definida su estrategia empresarial tendrán más posibilidades de éxito. Será esencial contar con herramientas precisas que permitan tener una información completa del comportamiento, pudiendo desarrollar un adecuado portfolio y un acercamiento válido buscando una optimización en la relación. En este sentido, es esencial que el cliente juzgue que la oferta es adecuada, diferenciada e individualizada a sus necesidades.

Con este tipo de clientes funcionan de forma correcta las estrategias del istema e-Business.

En el mundo empresarial actual conocemos varias experiencias de notable éxito que han alcanzado excelentes cuotas de mercado desarrollando sistemas e-Business; incluso en el mundo de la telefonía y de los ordenadores hay experiencias que en 5 años de actividad han alcanzado a competidores establecidos durante décadas.

Ahora bien, es básico fundamentar correctamente la estrategia basada en un sistema e-Business para tener éxito en la interacción con los clientes, pero para ello es preciso conocer en profundidad cómo son, entender cuál es su escala de valores, cómo consideran su relación con nosotros, qué nos piden como aportación de valor, qué entienden ellos y qué entendemos nosotros por relaciones de lealtad.

El conocimiento de todas estas cuestiones exige fuertes inversiones en tecnología y, lo que es más importante, salvo que seamos una empresa creada con filosofía de estar en la red necesitaremos todo un proceso de sensibilización y formación para gestionar el cambio de nuestros equipos con mentalidad tradicional e incorporarlos a la nueva visión.

De no hacerlo adecuadamente, es decir, de forma sistemática y gradual, se corre el riesgo de que el deseado cambio no pase de ser un puro espejismo y no se pueda sostener en el tiempo.

En la materialización de la nueva definición, desempeñan un papel fundamental el directivo y su equipo, quienes deberán ser capaces de concentrar en planes y objetivos alcanzables el futuro diseñado. De no hacerlo de acuerdo con esta metodología, se perderá la credibilidad.

Este tipo de empresas, aunque pudiera parecer otra cosa, requiere una plantilla muy dinámica, con fuerte sensibilidad y conocimiento de los clientes, deben saber interpretar las necesidades a través de los sistemas de inteligencia artificial; sus directivos tienen que gozar de la capacidad de crear empatía, promocionar entre la gente los marcos adecuados para que fluyan las ideas, tienen que provocar el apasionamiento de su gente y buscar la identificación de todos con el proyecto. En la búsqueda de este comportamiento ha de estar siempre presente la predisposición de los dirigentes de este tipo de empresas a invertir y reinvertir permanentemente y a formar de manera continuada a las personas.

Así pues, podríamos decir que independientemente del modelo de empresa, sea esta virtual o tradicional, global o local, sectorial o individual, la diferencia más clara que existirá siempre vendrá no del lado de los productos, o del canal, o de la estrategia, etc.; la verdadera diferencia estará siempre en el modo en que consideremos a los clientes realmente como el epicentro de la actividad.

En este sentido tendremos empresas que diseñan toda su actividad desde el cliente, y habrá otras que seguirán pensando que podrán imponerle su estrategia al mercado.

Hay sonoros fracasos en la historia pasada y reciente de aquellos que en su día decidieron decirles a sus clientes lo que debían comprar.

Llegado a este punto, me gustaría reflexionar: ¿Dónde está realmente la diferencia entre las empresas que triunfan y aquellas que habiendo seguido una disciplina de manual fracasan?

Creo que la respuesta resulta fácil, otra cosa es la estructuración para conseguirlo.

En el mundo de hoy, en que las cosas acontecen a velocidades de vértigo, sólo hay una garantía para triunfar en el mercado: la aplicación de un sentimiento casi amoroso del cliente.

Hay una frase que expresa correctamente lo que deseo decir: «sentir pasión por el cliente».

A veces, en mis reuniones con los principales directivos o con equipos de oficinas utilizo esta expresión con el ánimo de romper el *estatu quo* de posicionamiento que tenemos del cliente.

En este tipo de reuniones suelo decir que ya no sirve el ofrecer una buena calidad, sea ésta sobre un producto o de servicio, que tampoco es suficiente con cubrir las necesidades, o garantizar al cliente la devolución, etc.

Desde mi punto de vista, todas estas respuestas y muchas más que estamos habituados a oír diariamente ya no sirven, corresponden al pasado, y sin duda fueron extraordinariamente exitosas en otras épocas.

Hoy con el cliente sólo vale una cultura apasionarse con él, buscar permanentemente su sorpresa, superar sus expectativas de forma cotidiana y hacerle sentir que es nuestra principal conquista. Esta nueva forma de estar en el cliente únicamente se consigue si se es capaz de anidar en toda la organización una cultura no basada exclusiva y primordialmente en el éxito de la empresa; así, cobran carácter secundario los conceptos de tamaño, de rentabilidad, de cuota, de margen o de herramienta empleada.

Éste es un lenguaje absolutamente caduco que, por desgracia se oye habitualmente en las reuniones con los equipos. Se emplea la expresión cliente, pero son muy pocas las organizaciones que se desarrollan pensando en su principal activo. Estoy convencido de que, si les preguntáramos a los Consejos de Administración de las principales compañías quiénes y cómo son sus clientes, con toda probabilidad no pasarían la prueba, lamentablemente suspendería también la mayoría de los equipos directivos al hacerles similares preguntas.

Y la respuesta es bien sencilla: estas grandes corporaciones desarrollan sus estrategias en vertical, desde el Consejo de Administración hasta la red de ventas o de asesoramiento, pero nunca llegan al cliente y no lo hacen por una sencilla razón, no saben de clientes.

Sólo puede funcionar la estrategia, justo en sentido contrario: hablar con los clientes, solicitándoles que nos deseen de nosotros, que sean ellos quienes hagan la definición de nuestra relación, que nos fijen los criterios y pautas de comportamiento.

Cada mañana, cuando leo los diarios económicos que escriben sobre el mundo empresarial, siempre me surge la misma reflexión al concentrarme en la lectura de tal o cual compañía que publica sus resultados.

La visión que se presenta siempre es egocéntrica, se ponen en valor los resultados obtenidos, la mayor generación de beneficios que el año anterior, los nuevos mercados sobre los que se piensa ir, las fuertes dotaciones efectuadas para dar una mayor imagen de solidez, la adecuación a nuevos códigos de gestión corporativa, etc.

Jamás se habla de quiénes son nuestros clientes, cuanto hemos crecido en calidad de servicio, cómo disminuyen las reclamaciones, qué nos dicen las encuestas de satisfacción, qué nuevos departamentos de relación y atención personalizada hemos creando, qué canales de forma permanente ponemos a disposición de nuestros clientes para comunicarse con nosotros, etc.

Son pocas las empresas que están cambiando en esta dirección. Desde mi punto de vista, éste es el futuro y estoy convencido de que en este nuevo enfoque desempeña un papel primordial el uso de las tecnologías de la información, Internet, CRM, MRC, el marketing de B2B, y un sinfín más de sistemas y análisis que nos sirven para intentar saber quiénes son y cómo piensan nuestros clientes.

Será esencial, además, contar con un equipo perfectamente cualificado, que siga un plan estratégico estructurado en el tiempo, bien transmitido con un equipo directivo, motive y genere de entusiasmo en el resto de profesionales. Asimismo, es preciso disponer de una organización flexible, de fácil adaptabilidad a los cambios, de respuesta ágil y competitiva, y de un departamento de marketing valioso, eficiente e innovador.

Pero permítanme decirles que probablemente todo ello sólo servirá para que estemos en el mercado; si queremos buscar el liderazgo, pensemos como clientes, desarrollemos la cultura del apasionamiento y utilicemos la tecnología como un valor diferencial.

Capítulo

2

Las tecnologías para la mejora del desempeño

1. Tecnología y personas: dos variables clave en la ecuación del rendimiento[1]

¿Cuál es el propósito de las inversiones en tecnologías de la información en las organizaciones? ¿Cuáles son los factores que determinan el que dichas inversiones cumplan su propósito? Los sistemas de información utilizados en las organizaciones modernas se pueden considerar como *artefactos* creados con el propósito de mejorar la productividad, la capacidad comercial, el control de gestión o la toma de decisiones. Un *artefacto* es cualquier tipo de dispositivo o herramienta pergeñada por el hombre como ayuda para la realización de determinada tarea. La máquina de coser, el ábaco o la imprenta son ejemplos de artefactos. La máquina de coser es un artefacto de tipo mecánico que ayuda a llevar a cabo una tarea manual como es la costura. El ábaco, por el contrario, queda mejor representado como un *artefacto cognitivo*, es decir, un tipo de artefacto diseñado como apoyo a tareas humanas de procesamiento de información, en este caso operaciones aritméticas. Los artefactos cognitivos amplifican la capacidad de las personas de procesar información y tomar decisiones. El procesador de textos, la hoja de cálculo o la agenda electrónica son ejemplos de artefactos cognitivos muy extendidos. Todos ellos ayudan a llevar a cabo tareas relacionadas con el procesamiento de la información: escribir un texto, desarrollar una proyección estadística o recordar una cita.

La mayoría de los sistemas de información utilizados en las empresas, además de cognitivos, son también *artefactos sociales*. Es decir, son dispositivos que ayudan a coordinar sistemas complejos de relaciones interpersonales. Un sistema de correo electrónico sirve para distribuir mensajes multimedia entre las personas de una organización o entre éstas y personas de fuera de la organización. Un sistema de planificación de recursos[2] (ERP) sirve para

[1] Una version anterior de este trabajo, elaborada junto con Elizabeth Fraser Cabrera, fue publicada con anterioridad por *Economía Industrial* (n.° 339, pp. 51-60).

[2] Los sistemas ERP manejan de manera integrada la información acerca de los distintos recursos necesarios para el funcionamiento de una organización: *stocks* de mercancías, datos financieros, recursos humanos, clientes, proveedores, etc.

coordinar las acciones y decisiones de vendedores, gestores de almacenes, fabricantes y contables. Un sistema de comercio electrónico puede dotar de mayor eficacia a las relaciones comerciales entre una empresa y sus clientes, las relaciones entre la empresa y sus proveedores, e incluso entre distintos clientes entre sí.

Los artefactos en general, ya sean electrónicos o mecánicos, físicos, cognitivos o sociales, tienen dos propiedades fundamentales. Por un lado, cualquier artefacto tiene como finalidad el aumentar la eficacia o la eficiencia de determinadas tareas individuales o colectivas. Es decir, ayudan a las personas a conseguir nuevos objetivos o a alcanzar los mismos objetivos con menor coste. En ese sentido, los artefactos son amplificadores de las capacidades humanas. Por otro lado, la introducción de un artefacto altera la naturaleza de la tarea que llevan a cabo las personas. Desde el punto de vista del actor humano, no es lo mismo coser a mano que a máquina, ni pescar con caña que con red. No es lo mismo gestionar una cartera de clientes con agenda y lápiz que con un sistema CRM.

Consideremos el ejemplo de la imprenta como artefacto para la reproducción de documentos. En la Europa de la Edad Media, los documentos escritos eran reproducidos por amanuenses, quienes, con gran esmero y dedicación, transcribían palabra por palabra volúmenes enteros. La invención de la imprenta permitió realizar reproducciones página a página a una velocidad inaudita, abaratando los costes de la reproducción y permitiendo la distribución masiva de documentos. Tanto la pluma del amanuense como la imprenta son artefactos que extienden o amplifican la capacidad de reproducción de textos de las personas. La pluma dota de mayor eficiencia en la escritura que sistemas más arcaicos, –como la escritura cuneiforme de la antigua Mesopotamia, que requería hacer muescas con una cuña sobre arcilla–, y la imprenta, a su vez, consigue velocidades de reproducción equivalentes a cientos de amanuenses (ver Gráfico 1).

Al mismo tiempo que la imprenta amplifica las capacidades humanas en el campo de la reproducción de documentos, su introducción conlleva cambios dramáticos en la naturaleza de las tareas llevadas a cabo por las personas y en la manera en que las personas se relacionan entre sí. Desde la perspectiva de un observador externo, el resultado tanto del amanuense como del

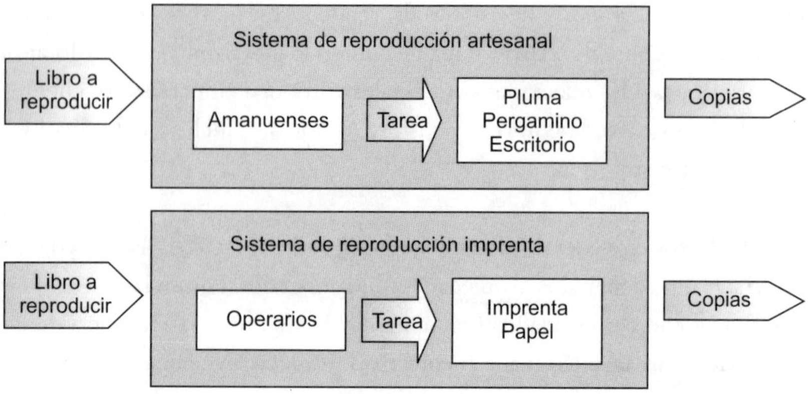

Gráfico 1: Distintos procesos de reproducción de documentos.

operario de la imprenta es cualitativamente bastante similar –una reproducción de un documento– y, sin embargo, desde la perspectiva del individuo que realiza la tarea, el trabajo en uno u otro caso tiene muy poco que ver. El primero lee y transcribe a mano. El operario lee y compone una plancha de impresión, para luego accionar los dispositivos mecánicos que ponen en contacto ésta con la hoja de papel en blanco.

Además de los cambios en la tarea, el nuevo artefacto modifica las relaciones sociales establecidas en torno a cada tarea. En el caso de la trascripción manual de documentos, los amanuenses solían trabajar individualmente en un documento de principio a fin. Por el contrario, la imprenta hace factible la especialización por tareas, por lo que comienzan a surgir estructuras organizativas más complejas en las que los resultados del trabajo de unos individuos alimentan el trabajo de otros.

Visto desde fuera, puede parecer que sólo ha habido cambios en términos de *eficacia* (reproducciones más fiables) y *eficiencia* (mayor velocidad, menor coste) y no en cuanto a la naturaleza del resultado: reproducir un documento. Y, sin embargo, los cambios sociales inducidos por el artefacto hacen que se transforme la industria misma de la reproducción documental, impulsando la aparición de nuevos oficios, nuevas estructuras organizativas, nuevos sistemas de seguimiento y control, nuevos patrones de comportamiento y nuevos perfiles de competencias.

La introducción de un nuevo artefacto puede requerir una serie de habilidades diferentes a las habituales, puede hacer que habilidades anteriormente valiosas dejen de serlo, puede requerir la especialización en subtareas por parte de las personas, o pueden hacer posible la integración de subtareas en una sola persona. Una cadena de montaje requiere que cada operario se especialice en una fase de la fabricación de un producto que antes fabricaba una única persona artesanalmente. Un sistema de gestión comercial (CRM «client relationship management») puede servir para que una sola persona mantenga las diversas etapas de la relación comercial con un cliente, algo que previamente podía involucrar a varias personas y departamentos.

El carácter cognitivo y social de los sistemas de información hace que su implantación en las organizaciones origine cambios de diversa magnitud tanto en el plano de la conducta individual como el social dentro de la plantilla. De hecho, el éxito que un nuevo sistema de información pueda tener en el rendimiento global de la organización –en términos de mejora de la productividad, de la efectividad comercial o el aprendizaje organizacional– estará directamente relacionado con la capacidad de la organización de anticipar dichos cambios y prepararse adecuadamente.

Según un estudio del Reino Unido[3], entre un 80 y un 90 por ciento de los proyectos de implantación de sistemas de información en los años noventa no consiguieron alcanzar los niveles de rendimiento esperados, entre otras razones porque no se prestaba suficiente atención a variables no técnicas, como son los factores humanos y organizacionales. Estos factores son determinantes en la efectividad de los sistemas y, sin embargo, muchos proyectos de sistemas de información siguen guiados por objetivos demasiado estrechos, como un ahorro miope de costes. Según el mencionado estudio, los directivos suelen ignorar las dependencias existentes entre la tecnología y la organización a la que pretenden servir, los usuarios que habrán de usarla o los objetivos estratégicos de negocio que justifican la inversión.

[3] OASIG es un Grupo Especial de Interés fundado por el «British Department of Trade and Industry» que estudia los aspectos organizacionales de la tecnología de la información. Se puede encontrar el informe citado, titulado «The Performance of Information Technology and the Role of Human and Organizational Factors», en http://www.shef.ac.uk/~iwp/publications/reports/itperf.html

1.1. Implicaciones psicológicas de los sistemas de información

Los sistemas de información son artefactos *cognitivos* porque en su mayoría extienden la capacidad de tomar decisiones, analizar problemas, controlar o comunicar –todas ellas tareas cognitivas– más que la capacidad de llevar a cabo acciones físicas (a no ser que incluyamos también la robótica). Un procesador de textos es un artefacto que me ayuda a componer, editar y corregir texto y, de alguna manera, me ayuda también a organizar las ideas que trato de comunicar. En términos económicos, el procesador de textos debería ser capaz de aumentar mi productividad individual, al amplificar mi capacidad de concebir, estructurar y finalmente redactar documentos. Pero a la vez, el procesador de textos altera sustancialmente la naturaleza misma de la redacción de documentos. Para que en efecto se produzca este aumento en mi productividad será necesario que yo sea capaz de asimilar los cambios que introduce este artefacto en mi trabajo. Cambios que tienen un impacto en varios planos psicológicos.

¿Qué variables determinan el que una persona sea capaz de obtener mayor o menor rendimiento en una tarea? Un individuo, con un perfil psicológico determinado, se halla inmerso en un entorno de trabajo determinado que ofrece un número de «invitaciones» conductuales (Gráfico 2). El entorno incluye las herramientas y artefactos disponibles, las personas a las que se tiene acceso, las fuentes de información disponibles, etc. El entorno define el universo de comportamientos posibles en cada instante o en otras palabras,

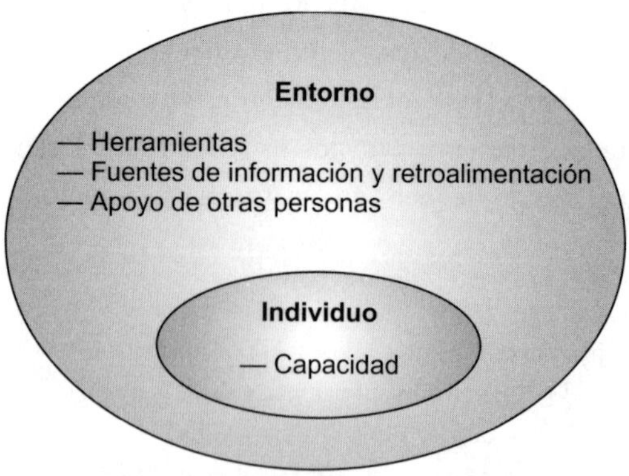

Gráfico 2: Variables que determinan el rendimiento individual.

la oferta conductual para el individuo. En cada entorno hay comportamientos viables y otros que son físicamente imposibles. Por otro lado, el individuo trae consigo una serie de variables psicológicas que, junto con la oferta conductual del entorno, determinarán los comportamientos que por fin son ejecutados y, por tanto, el rendimiento obtenido.

Los psicólogos normalmente clasifican estos factores psicológicos en factores cognitivos y afectivos. La primera categoría hace referencia a lo que la persona es capaz de hacer: su conocimiento, sus destrezas, sus esquemas mentales o su capacidad de conceptualización abstracta. La segunda categoría hace referencia a la voluntad de la persona: sus intereses, sus expectativas, sus objetivos, sus valores. Lo que le gusta hacer, lo que le reporta incentivos implícitos o explícitos. El comportamiento de una persona, y por tanto su rendimiento, es una función tanto de la oferta conductual del entorno como de esos factores tanto cognitivos como afectivos de la persona. La persona hará lo que sabe hacer, lo que está motivado a hacer y lo que su entorno le permite hacer. Cualquiera de estas tres dimensiones puede limitar seriamente el rendimiento de un individuo.

Cuando una nueva herramienta informática es introducida en el entorno de trabajo de una persona, el equilibrio de esos tres factores se ve irremediablemente afectado. Como cualquier artefacto, el nuevo sistema de información transforma la oferta conductual del individuo. Nuevos comportamientos antes no posibles pueden volverse ahora factibles. Nuevas funciones son ofrecidas que potencialmente amplifican el abanico de acciones y resultados del individuo. Un nuevo sistema transaccional en un banco permite a un empleado llevar a cabo operaciones financieras complejas que antes no podía hacer. Un nuevo sistema de gestión comercial permite a un agente inmobiliario hacer un seguimiento de su cartera de clientes y unas búsquedas automáticas de manera casi inmediata.

Las conductas nuevas que requiere el nuevo sistema pueden requerir un perfil de habilidades distinto para llevar a cabo el trabajo. Las nuevas habilidades requeridas pueden estar relacionadas con la utilización del sistema mismo, o con la funcionalidad añadida que éste proporciona. Por ejemplo, un sistema de procesamiento digital de imágenes médicas exige que el facultativo se familiarice con el manejo de una interfaz gráfica de usuario, un tipo de habilidad relacionada con la operación del artefacto en sí, y no con su funcionalidad: el diagnóstico médico. En otros casos, el sistema de información puede introducir nuevas funciones para las que el usuario no estaba previamente capacitado. Por ejemplo, un usuario de banca electrónica tiene acceso a realizar inversiones y a consultar informes de analistas que antes estaban reservados a sus intermediarios financieros. Para explotar estas nuevas funciones, el usuario deberá adquirir antes nuevos conocimientos financieros. El artefacto puede también requerir de la persona el empleo de habilidades de relación social antes no necesarias. Por ejemplo, un sistema comercial puede requerir que un cajero de un banco lleve a cabo ventas cruzadas con clientes, lo que requiere un tipo de habilidad social (negociación de una venta) antes innecesaria.

La introducción de un nuevo sistema de información en el entorno de un individuo puede tener impacto también en la parte afectiva o motivacional del individuo. Es posible que la forma de llevar a cabo la tarea previamente tuviese un interés intrínseco para la persona, que desaparece con el nuevo artefacto. Por ejemplo, un agente comercial que acostumbraba a obtener respuesta a consultas técnicas mediante llamadas telefónicas personales al *staff* técnico puede tener reticencias a adoptar un nuevo sistema electrónico que le obliga a navegar por bases de datos distribuidas de información para encontrar esas mismas respuestas, ya que el sistema elimina la parte de su trabajo, las relaciones personales con el *staff* técnico, que le resultaban especialmente interesantes. El impacto afectivo puede manifestarse de muchas maneras: cambios en las percepciones de control por parte del trabajador, alteraciones de la estructura del puesto, alteración de los refuerzos o incentivos implícitos asociados con la tarea, etc.

Según el modelo clásico de Hackman y Oldham (1976), sabemos que el potencial motivador de un puesto de trabajo se ve afectado por algunas dimensiones clave, como son la variedad de habilidades empleadas, el impacto social del trabajo en otras personas, la identidad de los productos o servicios generados, las percepciones de autonomía y las fuentes de retroalimentación sobre la calidad de los resultados. Un sistema de información que altere estas variables, que aleje al trabajador de las fuentes naturales de retroalimentación, que limite su autonomía o que reduzca el número de habilidades empleadas normalmente puede minar la motivación del individuo hasta el punto de contrarrestar las supuestas ventajas de eficiencia que se suponía que iba a conllevar el sistema.

1.2. Implicaciones sociales de los sistemas de información

Los sistemas de información son también en su mayoría artefactos *sociales* ya que dan soporte a tareas de interrelación, negociación o cooperación entre individuos. Las organizaciones constituyen sistemas sociales complejos y como tales desarrollan con el tiempo un conjunto de normas, valores y creencias colectivas que conforman una *cultura* distintiva. Según Schein (1996) la cultura organizacional representa «un conjunto de suposiciones básicas implícitas acerca de cómo es el mundo y cómo debería ser, que un grupo de personas comparte y que determina sus percepciones, pensamientos, sentimientos y, en cierta medida, su comportamiento». La cultura organizacional, como cualquier otro tipo de cultura (nacional, profesional, etc.), establece unos criterios compartidos sobre qué comportamientos son apropiados y cuáles no lo son. La cultura determina en gran medida cómo el colectivo interpreta y otorga significado a los eventos que suceden dentro o fuera de la organización. La cultura marca unos patrones determinados de comunicación que definen la naturaleza de los mensajes y los canales utilizados en cada ocasión. La cultura, en definitiva, representa la personalidad colectiva o, en palabras de Hofstede (1991), el software[4] de estos organismos complejos que son las organizaciones.

La cultura de una organización está relacionada con los valores de sus fundadores y es transmitida de generación en generación por mecanismos muy diversos –un lenguaje común, símbolos, historias, mitos, héroes– así como por los efectos de los sistemas de gestión de recursos humanos en práctica –políticas de selección, de promoción, de valoración del rendimiento, etc.– Precisamente por el carácter social de los sistemas de información, su implantación hace imprescindible la consideración de la variable cultural

[4] Como bien sugiere el editor de este número, la cultura sería más bien el sistema operativo de la organización y no una aplicación como Word. El primero establece los parámetros generales del comportamiento del hardware, mientras que el segundo representaría un código de instrucciones muy concreto y específico.

(Cabrera, Cabrera y Barajas, 2001). La cultura nacional, por ejemplo, puede determinar que una tecnología utilizada con éxito en un país sea o no aceptada en otro. Por ejemplo, los medios de pago electrónicos pueden tener mayor o menos éxito en distintos países según sean los valores acerca del control personal y la confianza en las organizaciones proveedoras y los intermediarios financieros.

También la cultura profesional u ocupacional puede tener un impacto en la adopción de determinadas tecnologías. Por ejemplo, se han documentado casos de fracasos prematuros en implantaciones de sistemas de información relacionados con las diferencias en las suposiciones básicas implícitas de ingenieros, operarios y directivos (Schein, 1996). En un caso, los ingenieros percibían las redes de comunicación como una oportunidad para eliminar barreras jerárquicas mientras que los directivos veían la jerarquía como un mecanismo necesario para ejercer el control y la coordinación. Los ingenieros creían que los sistemas expertos y los sistemas de información de gestión[5] (MIS o «management information systems») eran herramientas excelentes para mejorar la gestión y la toma de decisiones, mientras que los ejecutivos se sentían excesivamente limitados por ellos.

Además de la cultura profesional, la implantación de un sistema estará en gran medida determinada por la cultura misma de la organización. En la medida en que un nuevo sistema de información altere los patrones de conducta e interrelación de las personas, su implantación puede ocasionar turbulencias que requieren ser asimiladas por la organización. Los sistemas de correo electrónico, por ejemplo, hacen que cualquier empleado pueda enviar, con solo pulsar una tecla, un memorando a toda o buena parte de una organización. En una organización fuertemente jerarquizada, acostumbrada a la comunicación unidireccional de arriba abajo, la adopción del correo electrónico puede originar situaciones conflictivas y perturbadoras del *statu quo*. O quizá el nuevo sistema pueda suponer un catalizador para un cambio cultural deseable o intencionado.

Como artefactos sociales que son, los sistemas de información alteran tanto el contenido como la forma del trabajo y por tanto establecen nuevos re-

[5] Sistemas que presentan datos de naturaleza acerca de la marcha de la empresa y que ayudan al directivo a tomar decisiones acerca de la gestión de la misma.

querimientos conductuales. La mejora en rendimiento que pueda inducir un nuevo sistema de información dependerá de la compatibilidad entre estos requisitos con las normas conductuales de la cultura de la organización. En otras palabras, tecnología y cultura deben estar *alineadas* todo lo posible para que aquélla sea aceptada por ésta.

Por ejemplo, un sistema de gestión del conocimiento requiere para su correcto funcionamiento que personas de áreas y departamentos distintos intercambien ideas, experiencias y métodos de manera que ideas valiosas en un área de la empresa sean puestas en práctica en otras áreas. Para que los sistemas de gestión de conocimiento consigan cumplir con su cometido, los empleados deben superar sus reticencias a compartir su conocimiento con colegas a los que quizá ni siquiera conozcan (Cabrera y Cabrera, 2002). Intentar implantar un sistema de estas características en una empresa de cultura de comunicación cerrada sin antes manejar esas reticencias puede suponer un ejercicio diabólico o una pérdida de tiempo y dinero.

Una organización de cultura pragmática estará en general más abierta a un sistema novedoso que una organización normativa, que esperará a que sistemas similares hayan sido adoptados por el resto de empresas del sector. Una organización orientada a resultados estará en general más abierta a adoptar un sistema de información que ayude a las personas a ser más efectivas que una empresa orientada a los procesos. En este tipo de compañías, los cambios en procedimientos inducidos por los nuevos sistemas pueden crear reacciones contrarias más fuertes. A la hora de manejar el proceso de transición al nuevo sistema, una organización con cultura rígida de control podría tener una respuesta más disciplinada de su plantilla que una empresa de control ligero, en la que la implantación debería ir acompañada de iniciativas participativas. Por último, una organización profesional tendrá menos dificultades implantando un nuevo sistema si éste es percibido como un avance por las respectivas comunidades profesionales de los empleados afectados.

Alinear tecnología y cultura no es una tarea obvia, entre otras cosas por las interacciones complejas que tienen lugar entre ambas, así como entre ellas y otros subsistemas organizacionales. Las organizaciones pueden ser concebidas como sistemas sociotécnicos complejos (Pasmore, 1988) en los que variables y comportamientos de esferas distintas (sociales, técnicos, estructurales... económicos...) interactúan, se alimentan, se limitan y se definen recíprocamente. La efectividad con la que una organización puede llegar a alcanzar sus objetivos depende en gran medida del grado de ajuste o compatibilidad entre estos subsistemas y en cómo el comportamiento emergente de éstos responde a las demandas del mercado. Más concretamente, una organización puede estudiarse a tres niveles diferentes: el nivel estratégico, el nivel de capacidades y el nivel de infraestructura (ver Gráfico 3). Este último nivel contiene los componentes sobre los que se construye la organización: las personas, la tecnología (incluidos los sistemas de información) y la estructura (definiciones de puestos, prácticas de gestión, procedimientos, etc.). Estos componentes son los que, en definitiva, llevan a cabo la actividad de la organización, los que apoyan los procesos y los comportamientos de la organización (el nivel de capacidades). Por último, estos comportamientos tienen lugar para satisfacer determinados objetivos o estrategias. La estrategia representa la manera en que la organización se percibe a sí misma en relación con sus clientes, sus proveedores, la sociedad, el gobierno, y las maneras en las que la organización decide emplear sus recursos para satisfacer las necesidades de estos agentes. En el nivel estratégico de análisis nos enfrentamos con preguntas como qué tipo de clientes se trata de alcanzar, qué ecuación de valor se pretende entregar a esos clientes, qué metas en cuanto a calidad de los productos y servicios se buscan, o qué tipo de entorno de trabajo se trata de proporcionar a los empleados (Cabrera, *et al.*, 2001).

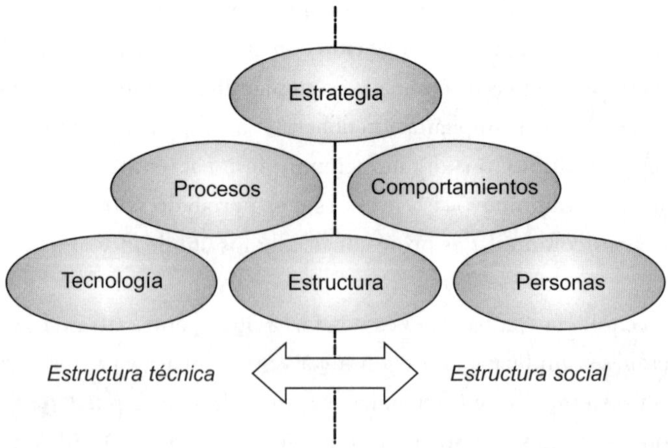

Gráfico 3: Marco multi-sistema del rendimiento organizacional.

En resumen, la organización tiene una misión y unos objetivos estratégicos. Para alcanzar dichos objetivos, la organización se comporta de determinada manera y lleva a cabo un conjunto de actividades, las cuales se sustentan en un conjunto de recursos de naturaleza diversa: humanos, tecnológicos y organizacionales. La infraestructura limita los comportamientos y actividades que son posibles y éstos, a su vez, limitan el tipo de objetivos alcanzables. Por ejemplo, una empresa de distribución que no disponga de sistemas informáticos adecuados de control de *stocks* y contabilidad o de expertos en informática y comunicaciones (nivel de infraestructura) difícilmente podrá llevar a cabo transacciones de comercio electrónico (capacidades) que le permitan alcanzar a un segmento de clientes formado por profesionales liberales de nivel adquisitivo medio alto (objetivo estratégico).

Cualquier cambio que tenga lugar en uno de los subsistemas tendrá un impacto desequilibrador en el resto. La introducción de un nuevo sistema de información puede tener implicaciones tanto en el tipo de procesos de negocio de la organización como en los patrones de comportamiento, que requerirán a su vez modificaciones en la estructura o en las políticas de gestión. Para que las inversiones en un nuevo sistema consigan resultados de verdadero valor estratégico, éstas tendrán que ir acompañadas o precedidas de iniciativas encaminadas a alinear el resto de los subsistemas. Este alineamiento tiene que suceder tanto verticalmente (entre niveles) como horizontalmente (dentro de cada nivel). El alineamiento vertical se refiere a la coherencia entre estrategia, capacidades e infraestructura. El horizontal, por su lado, se refiere a la compatibilidad entre los sistemas técnicos y sociales, entre procesos de negocio y comportamientos humanos, entre tecnología y personas.

Por ejemplo, un sistema de información nuevo que automatiza tareas administrativas e integra información de clientes en un banco puede hacer innecesaria la presencia de un *back office* (trastienda administrativa) en las sucursales mientras que potencia las funciones de primera línea de atención al cliente. Para asimilar este sistema, se podría mover al personal de la trastienda a la primera línea de atención al cliente (una intervención en la estructura organizativa en el nivel de infraestructura). Este cambio, a su vez, podría crear un conflicto cultural al asignar personas con una marcada orientación a procedimientos a tareas que requieren una clara orientación a resultados, como es la atención a clientes o la venta. Para tratar estos potenciales problemas, se deberían llevar a cabo intervenciones de formación o de rotación que trataran de socializar a estas personas en un entorno cultural diferente.

1.3. El papel de los recursos humanos

La cultura es el resultado de un proceso histórico complejo y único en cada organización, y que difícilmente puede cambiar de la noche a la mañana. Si aceptamos esta postura radical de inmovilismo cultural, no nos quedaría más remedio que adaptar las decisiones y los diseños de nuevos sistemas de información sobre la base de los requisitos de la cultura existente en cada caso. Sin embargo, es un hecho que, ante determinadas situaciones, las culturas de las organizaciones sí cambian. A nadie se le escapan los tremendos cambios en la cultura comercial, de servicio y de orientación a resultados producidos en los antiguos monopolios tras el proceso de liberalización de la última década. La Compañía Telefónica de 2002 poco se parece a la de finales de los ochenta. Determinados eventos externos, cambios en el escenario competitivo, en el liderazgo de las empresas, y muy especialmente en las políticas empleadas para gestionar a las personas, pueden originar cambios culturales de bastante calado. En ocasiones, la propia adopción de un sistema de información puede catalizar este cambio cultural, como ha sucedido en los dos últimos años con la explosión de Internet y la implantación de sistemas de comercio electrónico en empresas tradicionales.

Aunque la transformación de los parámetros culturales de una empresa está muy lejos de ser una ciencia exacta, sí conocemos los impactos que determinadas prácticas de gestión pueden tener en ellos. Por tanto, ante la implantación de nuevos sistemas de información es no sólo posible, sino muy conveniente, hacer un análisis de la alineación del sistema con la cultura existente para así poder implantar las políticas que puedan pilotar la cultura hacia un escenario más afín con los nuevos requerimientos conductuales.

Las palancas que las organizaciones pueden manipular para pilotar la cultura dominantes tienen en su mayor parte que ver con las prácticas de gestión de los recursos humanos. Los sistemas de recursos humanos establecen un conjunto de contingencias que a la postre conforman determinados patrones de comportamiento. Las políticas de recursos humanos definen qué tipo de personas entra en la organización, cómo se evalúa y mide el rendimiento, cómo se premian o castigan determinadas conductas, qué oportunidades de formación se ofrece a cada empleado, cómo, qué y a quién se comunica, y, llegado el caso, cómo se terminan las relaciones laborales con determinados empleados.

La efectividad de la organización depende del nivel de ajuste o coherencia entre las estrategias de recursos humanos y las de negocio, así como del ajuste entre las políticas de recursos humanos y la estructura y los procesos organizativos. Por esta razón, las estrategias de gestión de recursos humanos deben ser coherentes y consistentes entre sí y deben estar asociados con la estrategia, los procesos, y la estructura de la organización. Este alineamiento es necesario para canalizar los comportamientos y crear un valor o cultura dominante en la organización que favorezca la implementación efectiva de la estrategia. En la medida en la que un nuevo sistema de información altere los procesos, la estrategia o la estructura, nuevos requisitos conductuales pueden requerir un reajuste de las políticas de recursos humanos.

La gestión de recursos humanos se puede plantear como un menú de elecciones estratégicas a tomar por los ejecutivos de recursos humanos que intentan fomentar los comportamientos de rol más efectivos que son consistentes con la estrategia de la organización y con la estructura y los procesos organizativos (Schuler y Jackson, 1987). Si los comportamientos necesarios para conseguir los objetivos estratégicos requieren conocimientos concretos o habilidades específicas, los procesos de selección deben centrarse en buscar candidatos que tengan estas habilidades y en los programas de formación se deben impartir estos conocimientos. Las evaluaciones de rendimiento han de medir los comportamientos identificados y los sistemas de compensación deben ser desarrollados para recompensar estos comportamientos.

Cuando una empresa adopta un nuevo sistema de información, los directores de recursos humanos tienen que identificar los nuevos comportamientos de rol necesarios para trabajar eficazmente con la nueva tecnología. Después, tienen que cambiar las políticas de recursos humanos que influyen en tales comportamientos con el fin de garantizar una consistencia conductual que apoyará los cambios cognitivos y sociales introducidos por el nuevo sistema. Algunas de las prácticas de recursos humanos que más influirán en los cambios de comportamiento necesarios para que los empleados utilicen eficazmente un nuevo sistema de información incluyen los siguientes puntos:

- *Análisis de puestos*. ¿Cómo están estructurados los puestos que se verán afectados por el nuevo sistema? ¿Cuáles son las funciones y responsabilidades de cada puesto? ¿Qué perfiles de competencias son necesarios para desempeñar cada puesto? ¿Qué características críticas desde el punto de vista motivacional son propias de cada puesto?

- *Diseño de puestos*. ¿Qué implicaciones tiene el sistema en los puestos actuales? ¿Qué puestos se hacen innecesarios? ¿Cuáles se potencian? ¿Cuáles surgen nuevos? ¿Qué modificaciones a las estructuras de puestos actuales van a ser necesarias?

- *Análisis de necesidades de formación*. ¿Qué tipo de habilidades nuevas son necesarias para el manejo de los nuevos sistemas? ¿Qué tipo de conocimientos o habilidades nuevos serán necesarios para sacar provecho de la funcionalidad de los sistemas y llevar a cabo los nuevos puestos con el máximo rendimiento posible?

- *Análisis de impacto afectivo*. ¿En qué medida los nuevos sistemas alteran las variables motivacionales clave de cada puesto? ¿Cómo se pueden conservar las dimensiones clave del puesto para que todavía sea una fuente de motivación interna? ¿Se puede compensar la pérdida de unas dimensiones clave al añadir tareas o responsabilidades adicionales?

- *Ajustes en el proceso de selección*. ¿Qué habilidades y conocimientos debe tener un nuevo empleado para manejar bien los nuevos sistemas? ¿Qué tipo de experiencia o preparación aumentará las posibilidades de conseguir un rendimiento superior en los nuevos puestos? ¿Qué instrumentos de selección serán más eficaces para identificar a estas personas?

1.4. Conclusiones

Los sistemas de información son artefactos cognitivos y sociales. Como tal, su adopción tiene importantes efectos psicológicos y sociales para los empleados. Una de las causas más citadas del fracaso en la implantación de nuevos sistemas de información es la falta de consideración de estos factores psicológicos y sociales que pueden afectar tanto a la capacidad y a la motivación de los empleados como a las normas sociales necesarias para que el nuevo sistema tenga el efecto deseado. La gestión de recursos humanos puede contribuir a cambiar la cultura organizativa para que fomente los comportamientos y las normas sociales necesarias para llevar a cabo las nuevas tareas introducidas por el sistema.

1.5. Bibliografía

CABRERA, Á. y CABRERA, E. F. (2002): «Knowledge sharing dilemmas», *Organization Studies*, 23(5), 687-710.

CABRERA, A.; CABRERA, E. F. y BARAJAS, S. (2001): «The key role of organizational culture in a multi-system view of technology-driven change», *International Journal of Information Management*, 21, 245-261.

HACKMAN, J. R. y OLDHAM, G. R. (1976): «Motivation through the design of work: Test of a theory», *Organizational Behavior and Human Performance*, agosto, 250-279.

HOFSTEDE, G. (1991): *Cultures and organizations: Software of the mind*, Beverly Hills, Sage, CA.

HOFSTEDE, G.; NEUIJEN, B.; OHAYV, D. D. y SANDERS, G. (1990): «Measuring organizational cultures: A qualitative and quantitative study across twenty cases», *Administrative Science Quarterly*, 35(2), 286-316.

KOTTER, J. P. y SCHLESINGER, L. A. (1979): «Choosing strategies for change», *Harvard Business Review*, marzo-abril, 106-114.

PASMORE, W. A. (1988): *Designing effective organizations: The sociotechnical systems perspective*, John Wiley & Sons, Nueva York.

SCHEIN, E. H. (1996): «Three cultures of management: The key to organizational learning», *Sloan Management Review*, otoño, 9-20.

SCHULER, R. S. y JACKSON, S. E. (1987): «Linking competitive strategies with human resource management practices», *Academy of Management Executive*, 9(3), 207-219.

ULRICH, D. (1997): «Human resource champions: The next agenda for adding value and delivering results», *Harvard Business School Press*, Boston.

2. El cambio del trabajo

Excelente oportunidad de reflexión, de «pararme en una esquina», la que me brinda la escritura de estas páginas en torno al cambio del trabajo. Me engañaría a mí mismo si no reconociera que en este papel me siento incómodo. Los gestores nos movemos mejor en el terreno de los ratios, el cuadro de mando, los *ebit's*, las cuotas, la estrategia o la táctica que en el terreno en el que me toca lidiar con este capítulo: el de la reflexión y la transmisión de conceptos e ideas algo abstractas. A pesar del trago, intentaré llevarles a mi terreno, al día a día, a la gestión de las circunstancias que rodean a un directivo o, mejor, a un gestor de personas.

Hace unos meses nos empeñamos en poner «patas arriba» la totalidad del sistema informático de nuestro Grupo. Más de 18 meses de trabajo, una inversión generosa y un equipo de más de 40 personas para crear una nueva plataforma de sistemas. Todo a punto para el día «h» y la hora «0» y un periodo de aclimatación, ya previsto, a los nuevos programas y desarrollos de dos semanas. Después de ese tiempo, el nuevo sistema nos hacía más ágiles, operativos, nos dotaba de mejor información, etc. Todo un paraíso informático por el que toda la compañía se esforzó al máximo hasta hacerse realidad.

Sin embargo, durante el periodo de aclimatación al nuevo sistema informático fuimos una empresa al borde de un ataque de nervios. ¿Se imaginan un día en sus vidas sin servicio de correo electrónico, tres días sin ratios de márgenes, ventas, nuevos clientes, o 72 horas sin Intranet? Éste era el tiempo que necesitábamos para lograr la conversión del conjunto de nuestros sistemas.

La sensación de caos, irreal por otra parte, se palpaba en todos los departamentos. Los comerciales no encontraban sus carteras, a contabilidad no le cuadraba el balance, Recursos Humanos no respiró hasta que las nóminas se pagaron a tiempo y yo mismo flaqueé. Cómo podía gestionar como «Dios manda» una compañía con más de 12.000 contrataciones diarias, 120 oficinas y 450 personas sin tener información, ni datos y ¡ni tan siquiera *e-mail*!

Pues no pasó nada. Al cabo del famoso periodo de aclimatación no ocurrió nada, los sistemas funcionan mejor, y ahora somos más eficientes y ágiles. Sin embargo, después de esta experiencia tenemos que reconocer que somos esclavos de la tecnología que, por otro lado, nos hace ser competitivos en el mercado. Confieso que, después de esta experiencia, me he propuesto vivir un día sin móvil, a ver qué pasa, ¿seré capaz de sobrevivir al intento?, ¿cómo lo hacíamos antes?

Como ejemplo de cómo la tecnología afecta y condiciona nuestras vidas podría haberme referido a casos que todos tenemos en la cabeza, Internet, los sistemas CRM, la banca telefónica, etc. Somos lo que somos gracias y a pesar de la tecnología.

2.1. La revolución humana y el nuevo trabajo

En las últimas décadas se ha modificado radicalmente el panorama laboral. La tecnología contribuye a mecanizar los procesos productivos. Si Altos Hornos de Vizcaya empleaba a 12.680 personas para completar el ciclo productivo de 44 millones de toneladas de acero al año, ahora una acería eléctrica –la Acería Compacta de Bizkaia (ACB)– supera el millón de toneladas con poco más de 200 personas. El acceso a la formación y a la educación ha sido otra de las palancas para el cambio, en la actualidad aproximadamente el 20 por ciento de la población española de entre 25 y 60 años tiene estudios superiores.

La revolución tecnológica ha introducido cambios radicales y permanentes en prácticamente todos los aspectos de nuestra vida y, muy en particular, en todo lo que tiene que ver con el trabajo. En el nuevo escenario, las variables clave para las empresas, regiones o países son la capacidad tecnológica y humana de generar, procesar y producir. En términos económicos, sus características fundamentales son el conocimiento, la globalización y el trabajo en red. Sin embargo, y dejando a un lado estos tres elementos, lo que más se ha visto comprometido es el propio trabajo.

Asumiendo que la simplificación no es buena consejera, diría que la nueva economía nos ha dejado dos diferentes tipologías de trabajo. Por un lado, el «ejecutador» –seguramente el término no es el más adecuado– y, por otro, el «creador». El «ejecutador» es el trabajo en el que las personas reciben instrucciones y ejecutan órdenes y sólo les dejan hacer eso. Los «ejecutadores» apenas tienen capacidad de negociación y muchas veces están a merced de las deslocalizaciones –que ahora miran hacia países como Polonia o, Hungría–, o de la incorporación de más tecnología, o de la importación de productos desde el sudeste asiático. Frente al trabajo «ejecutador» nos encontramos con el «creador», que es la fuente de creación de valor más directa. Por tanto, las empresas más dinámicas y todos los gestores buscamos esos trabajadores «creadores», que son activos más escasos que el capital o la tecnología. Quien tiene capital pero no tiene ideas, pierde el capital; quien tiene ideas, encuentra el dinero para llevarlas a cabo. Por consiguiente, la inversión en profesionales con talento es la inversión fundamental para las empresas.

El trabajador «creador» cuenta con capacidad para definir objetivos y fuentes de recursos, y es capaz de procesarlos. Se trata de un profesional autónomo, flexible, capaz de definir objetivos y de transformarlos en tareas. Estos nuevos profesionales cambiarán de profesión a lo largo de su vida laboral, se reinventarán a sí mismos y tendrán que volver a aprender para seguir trabajando. El trabajo «creador» se caracteriza por la autonomía del profesional en la toma de decisiones. Esto exige al trabajador saber qué hacer con la información que necesita, dónde buscarla, cómo relacionarse con otros elementos en red y tomar decisiones en tiempo real.

Sin embargo, que el trabajador sea «creador» no depende exclusivamente de él. Lo que algunos denominan empleabilidad –posibilidad de encontrar un empleo y de amoldarse a un mercado de trabajo en continuo cambio–, no sólo es una cuestión de individuos, también es una responsabilidad de la sociedad y de las empresas. Desde mi perspectiva de empleador la paradoja es evidente. Por un lado, hace ya tiempo que dejamos de prometer «un empleo para siempre» y, por otro, necesitamos contar con personas polivalentes, con los adecuados conocimientos y habilidades y con unas buenas competencias emocionales porque sabemos que son nuestro mejor activo. Dice Juan Carlos Cubeiro que más del 70 por ciento de la contribución de los profesionales es intelectual. Además, las responsabilidades y funciones cambian continuamente, aun sin cambiar de empresa el trabajo cambia. Por tanto, los empleadores tenemos que lograr que las personas den lo mejor de sí mismas y favorecer la polivalencia ocupacional. De esta manera contaremos con personas más *empleables*, capaces de adaptarse con mayor facilidad a los cambios, más flexibles y con mayor posibilidad de ocupación tanto dentro como fuera de la empresa.

Antes, las compañías remuneraban al profesional por lo que era, por las titulaciones académicas que ostentaba, por la experiencia medida en años e, incluso, por la edad que tenía. Ahora, buscamos al individuo por lo que es capaz de hacer, por la cuantía y naturaleza de los negocios e ideas que puede generar y por el conocimiento y su aplicación que es capaz de producir.

A pesar de que en España aún estemos lejos del dinamismo empresarial estadounidense, no me resisto a mencionar una encuesta realizada en 2002 en California. Según el estudio, un trabajador tradicional es aquel que trabaja a tiempo completo, con contrato indefinido y en una empresa de más de tres años. Sólo un 33 por ciento de los trabajadores de California cumplía estos tres criterios. Si a ello añadimos el criterio de tener más de dos años de antigüedad en la empresa, sólo se llegaba a un 22 por ciento de trabajadores. Es decir, estamos pasando a un mundo de trabajo extremadamente individualizado y cambiante.

En los últimos tiempos en España, al igual que en el resto de Europa, los agentes que actuamos en el mercado laboral (empresas, candidatos, administración, sindicatos y empresas de Trabajo Temporal, entre otros) detectamos la conformación de dos grandes grupos de trabajadores con más diferencias entre ambos. Unos serían aquellos perfiles profesionales que a las empresas nos gusta fichar. Más que «creadores», podríamos hablar de *vedette*. Son personas altamente capaces, con conocimientos y destrezas avanzadas y que casi se subastan en el mercado. Al otro lado del cuadrilátero del mercado, se encuentra un buen número de trabajadores con menores competencias y especialización que serán los que sufran los avatares de los ciclos económicos bajos.

2.2. Nuevas motivaciones y nuevos compromisos

El Cambio del Trabajo ha modificado las vidas, las motivaciones y la tipología de los compromisos. Pero, muchas otras cosas han cambiado. Veamos algunas de ellas:

DE		A
Servicio al cliente	→	**Valor para cliente**
Lealtad	→	**Adaptabilidad**
Antigüedad	→	**Profesionalidad**
Mecanización	→	**Innovación**
Control	→	**Prudencia**
Ventas	→	**Orientación comercial**
Ahorro	→	**Racionalización**
Dedicación	→	**Responsabilidad social**
Departamentos	→	**Trabajo en equipo**
Circulares	→	**Comunicación**
Departamento de personal	→	**Gestión de personas**

Si cada uno de nosotros hacemos un ejercicio de sinceridad y miramos hacia el interior de nuestra empresa, nos daremos cuenta de que la mayoría de nuestra gente viene motivada desde casa. En el caso del Grupo Vedior, nuestros trabajadores son jóvenes –la media de edad de la plantilla no supera los 27 años–, para muchos es su primera o segunda experiencia laboral, tienen ganas de aprender, están llenos de iniciativas y de creatividad, disfrutan con su trabajo, las cenas navideñas son acontecimientos únicos y sonados por el disfrute y la juerga generalizada. Realmente, contamos con gente motivada y comprometida.

Desde una visión mecanicista del departamento de personal –el de las nóminas, para entendernos–, el empleado es una máquina más y la única motivación es el premio o el castigo. Desde una visión más humanista, en este caso desde la visión de un área de gestión de personas, la motivación viene por el lado del aprendizaje, por el sentido de responsabilidad y por el sentido del logro.

Como decía, nuestra gente ya viene de casa motivada. La motivación es algo personal. Los directivos no somos «animadores» de piscina en un hotel de playa. Muchas veces, como empresa y como directivos contamos con la mejor materia gris y con la mejor materia emocional. Por tanto, una de nuestras obsesiones tiene que ser la de no desmotivar a nuestra gente para que así puedan dar rienda suelta a todo su potencial y a todo su talento.

Sin embargo, todos compartimos que el problema de que uno de nuestros trabajadores no esté comprometido con el proyecto no es que se vaya, sino que se quede con esa actitud. Según el informe de «Benchmarking de Gestión de Talento», realizado por APD y HayGroup en el año 2001, se identificaban como factores que reducen la rotación de las empresas y, por tanto, refuerzan el compromiso de los profesionales: la cultura empresarial, el clima de los equipos, el tipo de liderazgo y la posibilidades de desarrollo, sin olvidar, la retribución, por supuesto.

Para que no decaiga el compromiso no podemos olvidar factores clave como el equilibrio entre vida personal y profesional. Ya no valen las jornadas de trabajo de diez o doce horas. Cada vez es más frecuente ver cambios de empresa «sólo» por mejorar en calidad de vida. La cultura de «hasta que el jefe no se va yo no me voy» está caduca y condenada al fracaso. Las compañías debemos promover una estrategia de resultados y no de tareas.

Otra clave en el nuevo compromiso es la comunicación. A pesar de vivir en la era de las comunicaciones, nunca se ha hablado tan poco con los que nos rodean. No me refiero a Intranets, revistas internas, etc., me refiero a hablar y, sobre todo, a escuchar a las personas que integran nuestros equipos.

Para afianzar el compromiso tendremos que ser capaces de gestionar y de alinear los intereses personales, objetivos y habilidades de nuestros trabajadores a las necesidades de nuestras organizaciones. Un equipo comprometido es indispensable para competir en el mercado. Las personas no son simples asalariados por cuenta ajena fácilmente sustituibles. Deben ser socios que se involucran y comprometen en la aventura diaria de crear y repartir riqueza. Éste es el camino para motivar a las personas y no hay que inventar nada nuevo porque los buenos profesionales se «automotivan» con el trabajo bien hecho, demostrando su profesionalidad.

Sería extraordinario que desterremos respuestas como: «así son las cosas aquí» o «éstas son las normas». Seamos más democráticos en todos los órdenes de nuestra vida, y también en nuestras empresas. Las personas tenemos que vivir en democracia y eso significa participar en aquellos aspectos que nos afectan, el trabajo no puede ser un coto. Es hora de superar el concepto de subordinados (la propia palabra es prácticamente un insulto) y abrir paso para que las personas emitan su opinión sobre los asuntos que les competen.

Desterremos también la motivación mediante el modelo de Paulov, del palo y la zanahoria. Es la hora de buscar un modelo que gane el compromiso de los profesionales porque, al fin y al cabo, empresa y profesionales comparten el mismo destino; el éxito, el crecimiento, la felicidad.

El gurú por antonomasia, Tom Peters, en su libro *En busca del boom* analiza los motivos por los que los clientes nos dejan de comprar: el 15 por ciento porque han encontrado un producto mejor, el 15 por ciento por un precio más ventajoso y el 70 por ciento por motivos relacionados con el trato personal (el 20 por ciento debido a «falta de contacto y atención» y el 49 por ciento porque el contacto era de deficiente calidad). Por tanto, en estos tiempos tormentosos en los que es tan difícil vender, no debemos descuidar los factores que aseguran el compromiso de nuestras personas con el proyecto para lograr que cada uno de ellos aporte valor a los clientes, y éstos no huyan despavoridos para caer en el regazo de nuestros competidores.

Un informe reciente elaborado por HayGroup y la Asociación para el Progreso de la Dirección (APD), titulado «Cómo están gestionando el talento las empresas españolas», llega a la conclusión de que el 42 por ciento de las empresas considera la escasez de comerciales «alta», mientras que el 40 por ciento sitúa en ese mismo nivel elevado la falta de personal emprendedor y de innovación.

En mi trayectoria profesional siempre me he sentido muy identificado con al área comercial. Soy un acérrimo defensor de que los trabajadores son siempre los mejores prescriptores internos y externos, y esta fuerza comercial debe ser aprovechada por las compañías. La actitud de los profesionales vence cualquier obstáculo y soluciona cualquier problema.

Las compañías tenemos que ser conscientes de que los clientes se identifican con sus empleados. De nada sirve invertir una gran cantidad de dinero en mejorar la tecnología de la empresa si el capital intelectual no se siente motivado para ofrecer el mejor servicio posible a su cliente.

Si queremos construir empresas, equipos de trabajo realmente eficientes, no nos queda más camino que el de generar en las personas la motivación suficiente para que surja de cada uno, en el nivel individual, el potencial suficiente que haga posible alcanzar nuestros fines como equipo.

2.3. Y surgen los sentimientos

Las mejores y las peores cosas en nuestra vida tienen que ver más con los sentimientos que con la lógica de la razón: amor, alegría, pasión, cariño, etc. A pesar de ello, las empresas nos empeñamos en comunicar exclusivamente a través de la razón, aun sabiendo que las personas, antes de pensar, sentimos. Cada vez somos más las compañías que deseamos establecer relaciones con nuestra gente basadas más en la emoción que en la razón.

La era del todo «por la pasta» ha dado paso a una nueva era en el empleo, más racional y enfocada a una colaboración entre trabajadores y empresa que produce beneficios para las dos partes. Sinceramente, pienso que las empresas excelentes en el siglo XXI serán aquellas capaces de atraer a personas que disfrutan trabajando, pero que disfrutan también jugando al mus o yendo al cine.

2.4. Empleo y mujer

Dentro de estas páginas considero necesario detenernos un rato en el papel que tiene la mujer dentro del nuevo paradigma del trabajo.

La Unión Europea debe crear 22 millones de puestos de trabajo antes de 2010 si quiere cumplir los objetivos de pleno empleo que se marcaron los líderes europeos en la Cumbre de Lisboa de marzo de 2000. El cumplimiento de este objetivo supondría reducir la tasa de desempleo hasta en el 5 por ciento, de forma que la tasa global de empleo alcance el 70 por ciento, la femenina el 60 por ciento y de los trabajadores mayores de 52 años el 50 por ciento.

España es el país que más empleo ha generado en los últimos años, 4, 3 millones de puestos de trabajo desde 1996. A este dato hay que añadir la reducción de la tasa de desempleo en un 50 por ciento y el incremento, en casi

10 puntos, del nivel de empleo femenino. Asimismo, según el informe sobre el empleo de las mujeres, «Global Employment Trends for Women 2004», nunca han trabajado tantas mujeres como hoy en día. En 2003, 1.100 millones de los 2.800 millones de trabajadores del mundo, esto es, el 40 por ciento, eran mujeres, lo que representa un aumento en todo el mundo de casi 200 millones de mujeres con empleo en los últimos 10 años. Sin embargo, tienen que hacer frente a tasas de desempleo más elevadas y a salarios más bajos, y representan el 60 por ciento de los 550 millones de trabajadores pobres, según un informe de la Oficina Internacional del Trabajo (OIT).

Este crecimiento explosivo de la fuerza de trabajo femenina no se ha visto acompañado de una verdadera emancipación socioeconómica. Tampoco ha dado lugar a una igualdad de remuneración por un trabajo de igual valor, ni a un equilibrio de prestaciones que equipararía a las mujeres con los hombres en casi todas las ocupaciones. Tampoco podemos olvidar que las mujeres siguen teniendo más dificultades para acceder a puestos de dirección y están insuficientemente representadas en los puestos de dirección en relación con su proporción total en el empleo. De vez en cuando, algunas mujeres son noticia por atravesar la barrera, pero estadísticamente representan un porcentaje muy bajo en puestos directivos. Sigue aún vigente la regla empírica: cuanto más elevada es la jerarquía de una organización, menos mujeres hay en ella.

Sin embargo, no todo son malas noticias; cada vez hay más las empresas que entienden ahora que las políticas favorables a la familia, el mejor acceso a la formación y sistemas de orientación más sólidos fomentan la retención del personal femenino y pueden mejorar la productividad.

2.5. Discriminación por edad

Otro de los aspectos, aún por solventar, del cambio del trabajo en un horizonte de entre 30-40 años es la edad. Las niñas que nacen hoy superarán la barrera de los 100 años. Esto significa que trabajarán hasta los 65-70 años, y por delante aún tendrán una larga vida de 35 años de *inactividad.*

La crisis de las pensiones que se avecina está haciendo que los gobiernos cada vez asuman que hay que «invitar» a la gente a trabajar durante más tiempo. Ya no parece que los planes de pensiones según cotizaciones vayan a proporcionar una cómoda jubilación a quienes esperamos llevar una vida ociosa a los sesenta y pocos años. Sin embargo, uno de los obstáculos reside en los prejuicios y estereotipos que existen en las empresas hacia los trabajadores de edad más avanzada.

Las páginas de empleo de los periódicos están repletas de estos prejuicios: «persona joven y dinámica», «con experiencia y entre 30-40 años» o, lo más sutiles «licenciado en los últimos tres años». Superar la barrera de los 45 convierte a la personas en excluidos y apestados.

Muchas veces, cuando hablamos de talento parece que nos olvidamos de la experiencia, del conocimiento y del compromiso que atesoran las personas que abandonan las compañías con jubilaciones anticipadas. Sinceramente, creo que aún no somos del todo conscientes del despilfarro que supone para las empresas prescindir de estas personas y de muchas situaciones de depresión, crisis familiares que se producen cuando personas capacitadas laboralmente se transforman, de la noche a la mañana, en ociosos, además sin entrenamiento para ello. Las empresas tenemos que cuestionarnos estereotipos como que la juventud es sinónimo de dinamismo o que «loro viejo nunca aprende a hablar».

2.6. A nueva era, nuevos trabajos

En páginas anteriores he hecho referencia a que el trabajo que consideramos estándar (contrato indefinido y jornada completa) cada vez lo es menos. Por ejemplo, en el Reino Unido el 20 por ciento de la fuerza laboral corresponde a los autónomos. Cada vez son más trabajadores a tiempo parcial, temporales y autónomos. En el Grupo Vedior, a escala mundial, trabajan más de un millón de trabajadores temporales.

Esta nueva realidad que se nos avecina de trabajadores atípicos tiene una cara amable, que es la flexibilidad. Esta flexibilidad permite a las compañías racionalizar los recursos e incrementar la productividad. Mientras, la cara oscura es la precariedad, la economía sumergida, etc. Y los damnificados el colectivo de trabajadores «reemplazables» por una larga cola de personas, que también espera su oportunidad.

La actual organización del trabajo también es posible porque se eliminan las barreras del tiempo y espacio, necesarias en una economía netamente industrial. Las nuevas tecnologías de la información permiten trabajar desde cualquier lugar del mundo. El aprendizaje y el trabajo son actividades cada vez menos diferenciadas, al igual que el lugar de trabajo y el hogar. En Europa los teletrabajadores superan los 10 millones. El ritmo del trabajo ya no es regular de ocho horas por día y cinco días por semana.

La esencia de este nuevo trabajo no es la producción de elementos físicos, sino la gestión de la información. El contenido de los oficios es más abstracto. El empleado de una explotación ganadera necesita conocimientos de matemáticas, veterinaria, calidad, de sistemas de control e, incluso, de idiomas. En el nuevo trabajo ya no existe una relación tan clara entre el nivel del esfuerzo realizado y el resultado final. Ello trae consigo una gran dispersión de la productividad; así, un buen programador es cien veces más productivo que un programador medio.

La multiplicación del trabajo temporal, del empleo a tiempo parcial, de horarios flexibles o de los contratos de corta duración, se enmarca dentro de una economía global, que funciona los siete días de la semana y las 24 horas del día. Los consumidores desean poder comprar instantáneamente los productos y servicios más variados, o distraerse en cualquier momento y en cualquier lugar. El mercado y los consumidores no duermen.

Dos personas que ejerzan un trabajo similar pueden tener una remuneración y una posición diferentes. Los incrementos salariales y uniformes se dejan de lado en provecho del desempeño y los resultados.

2.7. Desembarco del e-HR

Las empresas hemos apostado decididamente por trasladar una buena parte de nuestras transacciones y procesos a la red. No podemos ocultar, sin embargo, que el principal señuelo por el que muchos se embarcaron en inversiones comprometidas era el ahorro de costes y la eficacia. Después de varios años de esforzarnos en viajar al entorno Internet, ahora empezamos a disfrutar y sacar partido al nuevo canal.

Estoy convencido de que son bastantes los gestores que hace cuatro años decidieron invertir en una Intranet o en un Portal y, ahora, tienen debajo de su alfombra el cadáver del primer intento o la factura del *lifting* de ese primer proyecto. Se puso mucha más ilusión que conocimiento sobre los objetivos que se querían lograr y se aventuraron en un mundo desconocido. Sin embargo, como bien saben los norteamericanos, de los fracasos también se aprende. Y mucho.

En 2004 el panorama ha cambiado ostensiblemente. Existe un número significativo de compañías que realizan parte de sus procesos de recursos humanos a través de la red. Los más habituales son la comunicación interna (75 por ciento), la selección (54 por ciento) y los autoservicios para cambiar los datos personales de los empleados (33 por ciento), según las conclusiones del «Estudio sobre el estado actual de los sistemas de información de recursos humanos en España», elaborado por la consultora BearingPoint entre más de cien compañías. Uno de las funciones fundamentales de la Intranet es ser la puerta de entrada única a todas las herramientas e información necesarias para el puesto de trabajo, y que se pueda acceder desde cualquier punto con un ordenador de acceso a Internet y una clave.

El área de Recursos Humanos es el más beneficiado con la llegada del Portal del Empleado, y beneficia tanto a los trabajadores como al departamento, porque permite agilizar procesos administrativos que hacen perder demasiado tiempo a ambos: petición de vacaciones, justificación de gastos, cambio de datos personales bancarios. A todo esto se unen otras cuestiones más relevantes, como planes de formación, *e-learning*, desarrollo o planificación de futuro, perfil de competencias, requerimientos del puesto, comparación de las competencias con los requerimientos de la posición, evaluación de rendimiento, remuneración, ofertas de puestos vacantes en la empresa, etc.

La red es una herramienta más del proceso de comunicación de recursos humanos que aporta unos beneficios claros para contactar y generar información sobre los candidatos más adecuados para el puesto, así como para transmitir a estos candidatos información sobre la empresa.

En lo que se refiere al reclutamiento de talento, Internet ha demostrado su enorme potencial. A pesar de que las empresas sigamos utilizando canales tradicionales, Internet duplica cada año su cuota. Desde el punto de vista del ahorro de tiempo y dinero y de limitaciones geográficas, la red ofrece mayor rapidez y mejor gestión. El proceso de captación y gestión de currículum *on line* es más sencillo, eficaz y logra reducir costes e importantes ahorros de tiempo. En España las empresas optan por realizar la preselección de personal a través de un portal de empleo (39 por ciento), su propia página web (35 por ciento) o simplemente el correo electrónico (55 por ciento).

El único inconveniente que podemos poner a la selección en Internet es que corremos el riesgo de excluir a candidatos que no son internautas –sobre todo personas más mayores–. En principio, el *e-recruitment*, aunque estoy seguro que evolucionará, se orienta más hacia candidatos con estudios medios y superiores que optan a puestos de comerciales, de nuevas tecnologías o trabajos administrativos.

2.8. Outsourcing

La consultora de recursos humanos HayGroup, en colaboración con APD, ha realizado recientemente un estudio titulado «Tres años después de la guerra del Talento» con 90 firmas españolas de sectores y tamaños diversos (donde las PYMES representan el 30 por ciento del total) y de distinta procedencia territorial. Una de las conclusiones que se extraen del estudio es que una de las características que distinguen a las empresas encuestadas que obtuvieron mejores resultados es que en éstas crece más el recurso al *outsorcing*.

Asimismo, otro trabajo desarrollado por el Centro Internacional de Investigación de Organizaciones del IESE (IRCO), y la consultora Accenture, se extrae que el área de Recursos Humanos desempeña un rol fundamental en el desarrollo de las organizaciones y la estrategia del negocio. Pero, aunque la principal función del equipo de Recursos Humanos debería ser la de atraer y fidelizar el talento, muchos de estos departamentos invierten casi el 80 por ciento de sus recursos en tareas que no aportan valor al negocio, como la mera administración de personal.

Según este mismo estudio, las compañías que externalizan pueden llegar a reducir sus costes entre un 20 por ciento y un 50 por ciento. Conscientes de esta realidad, los directores de Recursos Humanos se están inclinando por el *outsourcing* de las funciones alejadas del corazón de su negocio. La ejecución del resto de tareas recae sobre otra empresa, cuyo *corazón* es precisamente el ejercicio de estas funciones, y que además se encarga de asesorar en la innovación y desarrollo de tales funciones con el objetivo de generar valor añadido.

Según el estudio de IRCO, el 49 por ciento de las empresas encuestadas asegura externalizar el departamento de Recursos Humanos por motivos tácticos como el ahorro de costes (54 por ciento) o la posibilidad de convertir los costes fijos en variables (14 por ciento), el 51 por ciento esgrime razones estratégicas, como la concentración de recursos en actividades medulares (35 por ciento), el acceso a especialización (18 por ciento) y la flexibilidad (12 por ciento). El informe apunta que el reclutamiento de personal como una de las actividades más proclives a ser objeto del *outsourcing*, así el 35 por ciento de las empresas externaliza esta tarea.

2.9. Conclusiones

El estudio de HayGroup y APD, «Tres años después de la guerra del talento», tenía como objetivo último analizar si existen diferencias entre las empresas con mejores resultados y el resto en cuanto a las prácticas de gestión de personas. Como siempre que se hace una pregunta de este tipo, la respuesta no es sencilla, ni unidireccional, sino que responde a un cúmulo de factores. Sin embargo, entre las claves que explican los mejores resultados de la las empresas –un 18 por ciento sobre el total–, el estudio encuentra una sólida combinación de factores: focalización en el largo plazo, confianza de los empleados en la Dirección y confianza en los buenos resultados de la empresa.

Otras de las claves que revela el informe es que las empresas con mejores resultados no se diferencian en cuanto a la evolución de la plantilla, pero sí disponen de más talento comercial e innovador, han disminuido más la rotación no deseada y han perdido menos profesionales de buen desempeño.

Sin duda, respecto a la evolución del trabajo, me apunto al carro del pensador norteamericano, Tom Peters: «En los próximos 25 años seremos testigos de la reinvención del trabajo intelectual, que será tan terrible como lo fue la reinvención del trabajo manual en los últimos 75 años. Sólo un idiota puede pensar que su posición actual está asegurada, o que el contenido de su cargo no cambiará radicalmente, si tiene un puesto en el departamento de compras o en recursos humanos de General Motors, o incluso de Google». La llegada de una economía de lo inmaterial no es la sentencia de muerte del trabajo. Pero se acabaron las cadencias regulares, el empleo seguro, las jerarquías inmutables y los planes de carrera.

El concepto que primará en los próximos años será el del compromiso emocional de los trabajadores. Además de por el talento, la compañías lucharemos por lograr el compromiso de nuestra gente y buscaremos personas que se involucren por completo con lo que hacen. Y, sin olvidar que cuanto más nos guste el trabajo, más rentable será el esfuerzo.

Capítulo

3

Tecnologías que permiten la mejora de los procesos críticos del capital humano

1. La experiencia de Endesa: un sistema integrado para la gestión del talento
   GERMÁN MEDINA CARRILLO
   Director General de RR.HH. de Endesa

2. Simuladores de negocio: una aproximación alternativa a la formación en gestión
   FERNANDO DAL RE COMPAIRE
   Director Corporativo RR.HH. del Grupo Antolín

3. El papel de la tecnología en la gestión integrada de RR.HH. El nuevo entorno y la gestión de los recursos humanos
   PATRICIA MÁNTEL DE FERREIRA
   Directora de Desarrollo de RR.HH. de Repsol YPF

4. La tecnología como vehículo de integración de cultura empresarial
   JAIME AGUIRRE DE CÁRCER Y MORENO
   Director de RR.HH. de Ferrovial
   IVÁN GONZÁLEZ GARCÍA
   Jefe de Desarrollo de RRHH de Ferrovial

5. Herramientas para la gestión del conocimiento
   ELADIO QUINTANILLA ROJO
   Gerente de la Subdirección General de la Tesorería de la Seguridad Social

1. La experiencia de Endesa: un sistema integrado para la gestión del talento

1.1. Introducción

«La tecnología al servicio de las personas.»

¡Qué frase para marcar un preámbulo! ...como declaración de intenciones, como ideología, como rumbo... Tenemos juntas ahí dos variables tan diferentes que si participaran en una ecuación su resultado sería tijera contra piedra. La tecnología se define, se diseña, se estructura, se aplica... Las personas queremos definirnos, nos diseñamos a nosotros mismos, buscamos una estructura hacia la comodidad y nos aplicamos en conseguir bienestar. La tecnología corre por una red viaria que consigue más y más largura con ramificaciones inconmensurables.

En muchas ocasiones, la tecnología fagocita a sus usuarios. El binomio se asemeja al aceite y el agua, que necesita de descomposición química, es decir, atención y cuidado, para lograr que unidos parezcan un ente único. La literatura de gestión de empresas une ese binomio con estrategia y procesos para explicar las urdimbres de los sistemas productivos. En cualquier caso, el factor «personas» sería el corazón sobre el que giraría todo el entramado. Y, tradicionalmente, es el último que solemos tener en cuenta.

General Electric cuenta en su exposición sobre cómo implantar su modelo de calidad Sigma-6 que el resultado de todo proceso de cambio responde a esta ecuación:

$$E = Q \times A$$

donde E sería la Efectividad del Cambio, Q la suma de estructuras, procesos y tecnologías, y A la Aceptación del cambio por las personas. Como buenos matemáticos, podemos observar que un producto con un factor 0 es igual a 0, y que cuanto más altos sean esos factores, mayores serán los resultados de dicho producto. Es una forma sintética de expresar la importancia de las personas en cualquier proceso de innovación.

Implantar o modificar una tecnología implica un impacto relevante en las personas que deben aplicarla. Y la interacción resulta imprescindible para conseguir el verdadero sentido que debe tener cualquier diseño tecnológico: aportar valor al entorno, entiéndase empresa, empleados, clientes y/o sociedad. Los impactos de la implantación no sólo deben ser medidos en función de mejora de procesos o tasas de retorno, sino que tienen que incluir la atención a los usuarios como personas que van a ser o han sido sometidas a un cambio en su forma de hacer las cosas... con todas las implicaciones que conlleva. La tecnología ayuda pero no sustituye a la «mano de obra», sobre todo a la experimentada, que con su capacidad de pensar, analizar y reflexionar supera el aporte de cualquier aplicación tecnológica.

1.2. Un sistema para gestionar el talento

A) El punto de partida

Hace poco más de siete años, casi nadie en Endesa podía imaginarse cómo somos en el año 2004. De una empresa con ámbito nacional, fuertemente centrada en el negocio eléctrico, sobre todo en generación, conformada por expertos técnicos reconocidos, con actividad regulada y planificada, hemos pasado a ser un *holding* con implantación internacional, creciendo en distintos negocios, con gestores dirigiendo en la diversidad y trabajando en el mercado con agresiva competencia.

Llegar aquí donde estamos, como la tercera empresa eléctrica del mundo occidental en número de clientes, no habría sido posible si hubiéramos mantenido nuestro estilo anterior de gestión. Y esto quiere decir que implantamos –estamos implantando– una nueva cultura para hacer las cosas de otra manera, como respuesta a ese nuevo entorno y a esos retos tan ambiciosos.

Desde la función de Recursos Humanos, entendimos que nuestro papel debía cambiar si queríamos impulsar el cambio que la nueva visión de la organización demandaba. De esta manera, en 1998, nació nuestro Plan Estratégico de Recursos Humanos (PERH), que se incorporaba como factor aglutinante de nuestra Consolidación Corporativa, la cual fusionaba nueve grandes empresas:

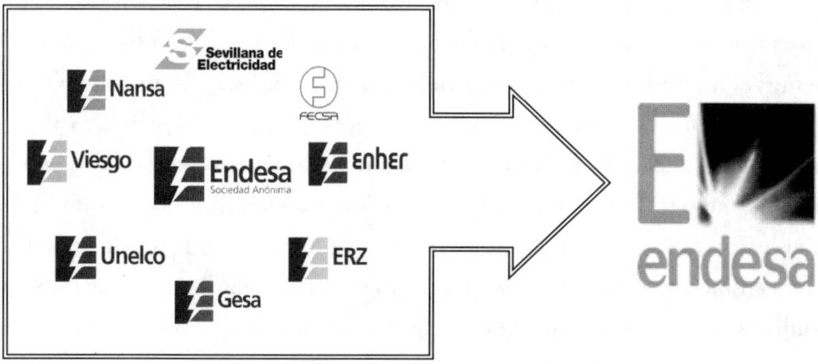

e integraba nuestras primeras incursiones internacionales, fundamentalmente latinoamericanas, que poco tiempo después se han consolidado como una parte estratégica de nuestro ámbito de negocio.

En este periodo, se ha conformado una nueva Empresa estructurada en sociedades por líneas de negocio, diversificada y multinacional (Europa, África y Latinoamérica), con gestores dirigiendo en la diversidad y trabajando en un mercado liberalizado con fuerte y creciente competencia.

No habríamos conseguido este desarrollo, insistimos, sin modificar a la vez nuestra cultura y estilo anteriores, adecuados en su momento para gestionar una realidad empresarial muy distinta. Esto significa que se ha llevado a cabo un cambio en la estrategia, cultura, valores, políticas y criterios de gestión empresarial, organización, procesos y sistemas que sigue evolucionando con la orientación de que Endesa sea una empresa que aporte valor al accionista, competitiva y flexible para adaptarse a las nuevas situaciones y retos.

La Gestión del Cambio ha sido uno de los temas fundamentales de este periodo, intentando compaginar en el proceso el mantenimiento de las mejores prácticas y puntos fuertes históricos válidos para el presente con los nuevos criterios, desde la convicción de que el capital intelectual de la compañía, las personas que la componen, son parte fundamental del éxito empresarial y su desarrollo y crecimiento supone el desarrollo y crecimiento de la empresa.

La función de RR.HH. se debía enfocar a grandes rasgos a diseñar y proporcionar las políticas, procesos y sistemas que permitieran operar y gestionar el cambio que la nueva situación empresarial configuraba.

Así, a partir del PERH, se empezaron a aplicar políticas homogéneas que han hecho efectiva la consolidación en la vertiente de las personas de la empresa con efectos como la gestión única de directivos, de la formación, de la renovación (selección) o la unificación de convenios colectivos en un acuerdo marco común para toda Endesa. También se contempló la necesidad de llevar a cabo una significativa reducción de plantilla que se plasmó en los correspondientes planes aprobados por la administración y que ha tenido aplicación en todos los niveles de la empresa.

Plantilla media

España	13.882 personas
Internacional	12.718 personas
TOTAL PLANTILLA MEDIA	26.600 personas

Datos de negocio

Cifra total de negocio (millones €)	16.239 €
Resultado de explotación (millones €)	3.144 €
Clientes	20.965.000
Capacidad de generación (MW)	41.836
Países	España Portugal Italia Francia Marruecos Chile Argentina Brasil Colombia Perú

Fuente: Memoria Endesa, 2003.

Cuadro 1: Algunas magnitudes de Endesa (año 2003).

B) Las bases

Hemos hablado de la tecnología al servicio de la estrategia y al servicio de las personas como usuarios. Aquí trataremos otro enfoque: la utilidad de la tecnología para gestionar el talento de las personas.

Antes de definir cualquier herramienta tecnológica es imprescindible observar los criterios estratégicos que definen la función o actividad que ese producto pretende mejorar. En este caso que nos ocupa, expondremos la utilidad de un sistema informático que recibe y procesa datos que nos facilita la gestión de las personas. Así, su referencia quedaba marcada en el Plan Estratégico de Recursos Humanos de Endesa, y concretamente, en su Modelo para la Gestión de las Personas.

En un breve apunte, bosquejaremos las líneas genéricas de este Modelo:

- Se constituye como la «exposición de motivos» que cimenta todas las acciones aplicadas en materia de Recursos Humanos.
- Se integra con el sistema de Valores Endesa.
- Responde a las necesidades estratégicas de la organización.
- Impulsa la cultura del mérito como criterio inspirador de la gestión de las personas.

Para ello, el Modelo define los fundamentos de actuación, a los cuales deben referirse los diseños de políticas, sistemas y herramientas para la gestión de las personas, y que son:

1. Integración y compromiso del Factor Humano y con el Factor Humano fomentando su proactividad, participación y actitud innovadora.
2. Eficiencia: de todas y cada una de las personas integrantes de los RR.HH. Consecuentemente es esencial:

   — Reconocer la aportación individual.

   — Generalizar y normalizar la cultura de la evaluación.

   — Normalizar la flexibilidad y adaptación.

3. Desarrollo profesional: crecimiento de la organización con el crecimiento de las personas.

4. Liderazgo Endesa basado en la actuación que fomente los fundamentos citados.

Lo fundamentos 1 y 4 requieren la aplicación de acciones específicas, mientras que el 2 y el 3, se instrumentan a través de tres políticas:

— Renovación.

— Desarrollo.

— Laboral, Previsión Social y Racionalización de Recursos.

Cada una de estas políticas establece sus instrumentos de aplicación, de los cuales fluye una información que es necesario gestionar. Entre esos instrumentos, queremos destacar:

- Gestión por competencias y ocupaciones.
- Clasificación de puestos.
- Identificación de potencial de desarrollo.
- Sistemas de compensación.
- Gestión de la actuación.
- Gestión por objetivos.
- Historial profesional.

Esta importante generación de datos sólo tiene sentido si existe la capacidad de ordenarla, mantenerla, actualizarla y procesarla para que sirva a la toma de decisiones.

C) El Centro de Evaluación para el Desarrollo

Y, así, surge el Centro de Evaluación para el Desarrollo, como área departamental, cuya misión definimos como:

Posibilitar la aplicación de las Políticas de Desarrollo operativizando el Plan Estratégico de Recursos Humanos mediante la obtención, validación y explotación de los datos necesarios para una correcta asignación de recursos que garantice la consolidación del Modelo de Gestión de las Personas.

Igualmente, nos marcamos los objetivos:

— Sistematizar e integrar los históricos de información individual de las personas del grupo.

— Permitir y favorecer la toma de decisiones de gestión basadas en las aportaciones y los resultados individuales.

— Poner a disposición de la Alta Dirección, las Líneas de Negocio, las áreas de Recursos Humanos y de las propias personas la información de resultados de los diferentes sistemas de Evaluación y Gestión.

— Garantizar la actualización permanente y el mantenimiento de la información procedente de los diferentes sistemas de gestión.

Como los inicios siempre son titubeantes, nuestra primera plataforma se generó en una Base de Datos Acces, que se fue diseñando en relación con las funciones asignadas al Centro:

- Explotación de los sistemas de evaluación, obteniendo y manteniendo la información histórica, analizando los resultados y proponiendo mejoras.

- Participación en el diseño e implantación de los nuevos sistemas de gestión, fomentando el aprovechamiento de las tecnologías y garantizando la integridad de los modelos de información.

- Participación en el diseño e implantación de los nuevos sistemas de gestión, fomentando el aprovechamiento de las tecnologías y garantizando la integridad de los modelos de información.

- Realizar simulaciones sobre situaciones posibles surgidas de la aplicación de los sistemas.

- Inferir comportamientos de gestión que no son observables directamente (coherencia de resultados individuales entre los distintos sistemas).

- Analizar el impacto de las políticas implantadas.

Es evidente que con una plataforma Acces no podía darse respuesta a todos los Objetivos y Funciones. En ella, fuimos probando y ejecutando, hasta descubrir la enorme potencialidad de los criterios adoptados... si estuvieran procesados en una plataforma adecuada. Ésta fue la palanca para migrar la herramienta a una base de datos diseñada en Oracle, que ha podido integrarse con el resto de sistemas e incluirse en nuestra red de información interna.

A fecha de hoy, el volumen de información registrada en el sistema es el siguiente:

Informe	**Cantidad**
Historial profesional	3.223
Gestión por objetivos	3.442
Gestión de la actuación	5.573
Identificación de potencial	1.062
Evaluación competencias	3.011
Otros informes	275

¿Cómo nos llega esta ingente cantidad de datos? En el Centro de Evaluación para el Desarrollo no se graban datos y ni siquiera la herramienta informática tiene pantallas de captación directa. Está diseñado para recibir cargas periódicas de información que se generan en otros sistemas de gestión: de la elaboración de nómina, de administración de personal, de gestión organizativa... incluso de cualquier base de datos generada en plataformas compatibles con la estructura del sistema. Se trata de decir, es una herramienta independiente que recibe los datos de forma automática y cuya potencialidad se basa en su capacidad de proceso. Para llegar a esto ha sido necesario:

- Impulsar la creación de sistemas que descentralicen la introducción y mantenimiento de datos:

  — La identificación de potencial de desarrollo (por proveedor externo) se recibe en base de datos Access

— La gestión de la actuación y la gestión por objetivos se ingresa en un sistema exclusivo accesible por la Intranet

— El historial profesional, igualmente se ingresa y actualiza en la Intranet por cada persona

— La evaluación de competencias, generada actualmente en soporte de papel, es grabada por un proveedor externo en base de datos Acces

— ...

• Diseñar una parametrización que posibilite el procesamiento de toda la información, intentando cuantificar la información cualitativa en escalados coherentes y homonogéneos.

• Formar a los usuarios en las funcionalidades de la herramienta.

• Divulgar el sentido, la utilización y la operatividad de la información existente.

Es destacable que la herramienta permite la mayor descentralización posible con los niveles de seguridad requeridos, de tal manera que nos está posibilitando la involucración de cada vez mayor número de personas en la recepción de dicha información (actualmente, tienen acceso al sistema 211 responsables de personas).

El proceso de descentralización se desarrolla en tres fases:

1. Hacia las áreas de Recursos Humanos de cada Línea de Negocio.

2. Hacia los responsables de personas, con información de los integrantes de su equipo.

3. Hacia las personas, que tendrán acceso a la información que el sistema tiene sobre ellas.

Esta descentralización se basa en el criterio de que el desarrollo se impulsa por cada responsable en funciones de gestor de personas y por la búsqueda individual de las alternativas presentadas por la organización.

D) Aplicaciones

El diseño del sistema que procesa los datos del Centro de Evaluación contiene una potente herramienta para generar consultas mediante parámetros de búsqueda. Casi nos atrevemos a decir que «se puede hacer cualquier cosa» que suponga una combinatoria de números, como es de esperar en un diseño informático acorde con nuestros tiempos.

Ilustramos la exposición con el ejemplo de uso más extendido para una herramienta de estas características: Búsqueda de candidatos internos para cubrir una vacante (Puesto: Responsable de Mercado Eléctrico).

a) Definición del perfil mínimo en parámetros

• **Rango de edad**	35-55.
• **Experiencia en Endesa**	> de dos años.
• **Titulación**	ingeniería, CC.EE., estadística.
• **Idioma inglés**	nivel medio (≥2).
• **Competencias gerenciales**	
Desarrollo de personas	nivel máximo (=4).
Planificación y organización	nivel avanzado (≥3).
Toma de decisiones	nivel avanzado (≥3).
• **Competencias genéricas**	
Trabajo en equipo	nivel avanzado (≥3).
Análisis y síntesis	nivel máximo (=4).
• **Competencias profesionales**	
Sistemas eléctricos de alta tensión	nivel medio (≥2).
Comportamiento y análisis de sistemas eléctricos	nivel medio (≥2).
Planificación de la Red	nivel medio (≥2).
Centrales eléctricas	nivel medio (≥2).
Mercado energético	nivel avanzado (≥3).

- **Identificación potencial desarrollo** — nivel alto (>4).
- **Gestión de la actuación** — media de los tres últimos años superior a 2,7.
- **Gestión por objetivos** — media de los tres últimos años superior al 90%.

b) Realización de la consulta

El sistema permite a cada usuario elaborar sus consultas, que puede compartir con los usuarios que crea oportuno. Por tanto, esta búsqueda, una vez elaborada con posibilidad de abrir los parámetros, puede ser modificada sobre su base para que sirva a otra búsqueda similar.

c) Recepción de resultados

Hemos presentado una base con los datos anteriormente expresados, sobre los cuales se realiza la búsqueda… y supongamos en este ejemplo que nos aparece un listado de 3 personas que cumplen estos requisitos. ¿Habríamos deseado más candidatos? Si es así, podemos ir variando los parámetros que consideremos de menor impacto para la vacante, hasta llegar al número que consideremos óptimo.

Expediente profesional	**Evaluación**
Datos básicos Laborables Organización Titulación	Geda-geo Identificación potencial Participación en proyectos Competencias
Formación	**Retribución**
Renovación	**Clasificación funciones**

Ahora bien, es el momento de comentar nuestra observación sobre la exactitud de los datos del sistema, y no referidos a su proceso. Hay un buen número de datos que proviene de interpretaciones que nosotros denominamos *objetivables* (por equidistancia entre objetivos y subjetivos) y que son susceptibles de una parametrización variable (¿quién no tiene dudas en valorar con un 2 o un 3 en una Evaluación de desempeño?), por lo cual siempre abrimos las alternativas de búsqueda con el fin de que aparezcan candidatos en un número que permita un análisis cualitativo de los expertos. Es decir, debe ser una herramienta que facilite la toma de decisiones, no que la imponga.

Por otra parte, al rastrear rápida y (aquí sí) objetivamente por todos los rincones organizativos, nuestra base de búsqueda se optimiza, de ahí que hayamos expresado anteriormente que sirve para encontrar el «talento escondido».

Y sobre otras posibilidades de aplicación exponemos algunas utilidades:

• Candidatos para sucesión del responsable de organización.

  Proceso de trabajo a seguir:

  a) Extraer perfil competencial de la ocupación.

  b) Establecer ponderaciones en cada competencia o agrupación de competencias.

  c) Indicar porcentajes necesarios de afinidad.

  d) Búsqueda de candidatos posibles.

  Una vez obtenidos los resultados de la consulta, reducida hasta conseguir el número óptimo de posibles sucesores, se abre el clásico abanico de acciones para el desarrollo:

  — Tendremos detectadas carencias en cada competencia.

  — Adecuaremos el plan individual de superación de carencias.

  — Estableceremos el seguimiento de desarrollo de cada persona.

• Análisis de coherencia de los datos individuales (según la premisa de que a altas capacidades debe corresponder un alto desempeño).

  Proceso de trabajo:

  a) Establecer parámetros de correlación entre Capacidades (Perfil competencial de la persona, Indicador de potencial) y Desempeño (Gestión de la actuación, Gestión por objetivos).

b) Definir niveles de incoherencia.

c) Búsqueda de personas con información dentro de esos niveles.

Desarrollo de las personas

A partir de: oportunidades y necesidades de la organización → Según: criterios objetivos → Favorece: el desarrollo individual y la toma de decisiones

Sistema personas

Cambio cultural

Apoyo para asesorar a las gestores en sus necesidades de acuerdo con el Modelo de Gestión de las personas

Sistema personas

Implantación de políticas

Permite inferir comportamientos de gestión no observables directamente

Minería de datos

Si esta información la observamos en la evolución organizativa de la persona, podemos extraer conclusiones sobre las causas de la incoherencia que incidirán claramente en dos aspectos: integración de la persona en el equipo y adecuación de sus características personales con el desempeño de las funciones... información valiosa para conseguir la mejor adecuación puesto-persona.

1.3. Conclusiones

El negocio principal de Endesa tiene un importante componente de tecnología; no sólo sistemas de información, sino también complejidades inherentes a la producción, transporte y distribución de energía. A lo largo de nuestra historia, hemos tenido que afrontar numerosos cambios tecnológicos que nos han aportado experiencia en el impacto que causan en las personas. No es fácil atemperarlos. La formación ha sido nuestra mejor herramienta, junto con el manejo del tiempo para proporcionar la adaptación. Y en caso de no poderla conseguir, o si provoca reducción de plantilla, acudimos también a la formación para facilitar otras ocupaciones a las personas afectadas. El rol de los responsables es fundamental y su misión en estos cambios se cimenta con dosis de paciencia, perseverancia y confianza, ingredientes básicos de cualquier relación laboral.

Nuestra evolución nos ha ido marcando las nuevas necesidades. Hoy estamos en un mercado competitivo que nos obliga a enfrentarnos con nuevos retos. Hemos elaborado nuestra base para la gestión entendiendo que las personas, con sus conocimientos y habilidades puestos al servicio del proyecto, marcan el incremento diferencial de una organización frente a sus competidores. Las personas no deben ser consideradas como un coste sino tratadas como creadoras de valor.

Por ello, generamos nuevas perspectivas dentro de la nueva realidad. Había que crear una plantilla dinámica y emprendedora sin olvidar los antiguos mimbres. Nuestras herramientas de gestión de recursos humanos se han encaminado hacia la consecución de una evolución actitudinal de las personas, entendidas como capaces de dirigir su crecimiento dentro de unas reglas de juego claras y equitativas. Queremos saber quiénes son, qué quieren, qué saben y qué pueden... y para esto... tenemos un sistema de gestión.

2. Simuladores de negocio: una aproximación alternativa a la formación en gestión

2.1. *«No hay nada más útil que una buena teoría»* (Kurt Lewin)

a) Simuladores de negocio: la teoría

Introducción

A primera vista suena absolutamente obvio que la formación debe estar orientada a los objetivos estratégicos de las organizaciones. Sin embargo, tal obviedad no siempre cala de manera suficiente entre los que tenemos la responsabilidad corporativa de definir, diseñar, implementar y gestionar actividades de formación en las organizaciones.

De manera general, podemos decir que la formación debe estar dirigida al fomento y desarrollo de las competencias clave de la organización. Desde la perspectiva micro (individual) esa formación debe estar orientada al desarrollo de las competencias esenciales de cada puesto de trabajo. En términos más conductuales, podríamos decir que el principal objetivo debe ser conseguir un cambio en el comportamiento del que aprende: pasar de una situación de desempeño «a» (actual) a una situación de desempeño («b») deseada.

En una época de cambios acelerados como la que nos ha tocado vivir, donde lo único permanente (y que no cambiará en el futuro) es que todo seguirá cambiando, la formación es una variable determinante en el éxito o fracaso empresarial. La formación debe ser, pues, el proceso mediante el cual las personas aprendan nuevos comportamientos y *desaprendan* hábitos viejos u obsoletos.

Uno de los agentes causales más importantes de estos cambios ha sido (y continúa siéndolo) la aparición y desarrollo vertiginoso de la tecnología. La tecnología ha hecho su aparición revolucionando las organizaciones y ha terminado por invadir y cambiar hasta el modo en que vivimos y gestionamos nuestras vidas.

Hasta hace bien poco las empresas definían sus estrategias de negocio y en función de éstas seleccionaban las tecnologías más adecuadas para implantarlas. En la actualidad, son en muchos casos las propias tecnologías las que determinan las estrategias de las organizaciones.

Pensemos, por ejemplo, en la aparición de una «ventana» fiscal o de un cambio legislativo en la tributación. En ese caso y desde la perspectiva de, por ejemplo, una entidad financiera, el propio desarrollo en un plazo muy corto de un sistema de información que soporte el lanzamiento de un producto financiero que aproveche esa situación fiscal en beneficio del cliente puede establecer la diferencia entre el éxito y el fracaso. En esa situación bien podemos decir que la estrategia *es* la tecnología.

En este nuevo entorno, competir sin tecnología es poco menos que competir en una carrera en la que de entrada no tenemos posibilidad de éxito alguno. Ahora necesitamos disponer de la mejor tecnología y en función de ésta definir nuestra actuación estratégica.

Si como todo parece indicar, la adecuación de las personas a los retos del mercado no es solamente una buena idea, sino un auténtico «imperativo de negocio», parece lógico reflexionar sobre cómo puede la tecnología ayudarnos a rentabilizar y reorientar la estrategia formativa de nuestras empresas para seguir siendo competitivos.

B) ¿Qué tiene esto que ver con nuestras organizaciones?

> *Si realmente el cambio es aprendizaje y las organizaciones eficaces necesitan cada vez más gente inteligente, si las carreras son más breves y más variables, sobre todo, si crece el número de personas que necesitan ser autosuficientes durante la mayor parte de sus vidas, entonces, la educación tiene que convertirse en la inversión más importante que le permita a cualquier persona manejar su propio destino.*

El autor Charles Handy inicia de esta forma un capítulo de su libro *La edad de la insensatez*, dedicado a lo que él llama «reinventar» la educación. Esta idea nos sirve como punto de partida desde el que intentar comprender por qué la educación necesita cambiar en su forma y en su fondo, cuáles son las variables que deben guiar este cambio y cómo podemos emprender acciones que nos lleven a esa «reinvención» de la formación actual en las organizaciones.

El origen de esta situación lo podemos encontrar en el nuevo paradigma que transforma la economía de la sociedad actual de un mercado de demanda a otro de oferta. La necesidad de competir «por el futuro», de romper la forma tradicional de actuar en beneficio de nuevas maneras de desenvolverse en los mercados, hacen que la supervivencia de las compañías actuales se base cada vez más en el conocimiento. Esto afecta de forma directa a las personas y a su papel dentro de la organización del trabajo.

La tecnología y otros múltiples cambios (globalización, acortamiento de los ciclos de vida de producto, cambios en el balance de poder entre clientes y proveedores, etc.) están influyendo decisivamente en la modificación de los puestos de trabajo. A medio plazo, se estima que pueden desaparecer cerca del 80 por ciento de las ocupaciones actuales, por lo que un trabajador deberá cambiar, por lo menos, tres veces de actividad profesional a lo largo de su vida laboral (dentro o fuera de su organización). Esto supone un gran reto tanto desde el punto de vista corporativo (*dotar de formación* just in time *a sus empleados*) como desde el punto de vista individual (*los profesionales del siglo XXI han de gestionar su carrera como una cartera de competencias, competencias que habrán de revisar y desarrollar a lo largo de su carrera para maximizar su empleabilidad*).

De forma análoga, la sociedad está evolucionando hacia la cultura del ocio y del tiempo libre, en la que la intervención del trabajador en el proceso de producción se está reduciendo cada vez más, lo que requiere mayor especialización a medida que las empresas van incorporando esas nuevas tecnologías.

En este nuevo contexto, las enseñanzas profesionales deben ser flexibles para poder asimilar con facilidad los cambios que la tecnología impone y proporcionar al mismo tiempo una formación que permita una rápida adaptación de los trabajadores a los nuevos puestos y funciones: si cambia lo que los clientes demandan y la forma en que las organizaciones satisfacen a sus clientes, es razonable pensar que la función de la formación en las organizaciones deberá estar a la altura de este nuevo reto.

Hasta hace pocos años, la formación académica «tradicional» satisfacía las necesidades de las empresas, ya que las carencias de los recién licenciados en cuanto a conocimientos prácticos se cubrían a través de la experiencia en el puesto de trabajo, con la confianza de que ésta contribuía por sí misma a la creación de profesionales.

Esto ya no es así. Actualmente, con la rapidez de cambio de las situaciones que rodean los procesos productivos, de transformación y de venta en cualquier sector de actividad, resulta poco menos que *arriesgado* confiar exclusivamente en la experiencia como formadora de profesionales competitivos.

Este reto también afecta a la propia función de Recursos Humanos (no sólo a la función de Formación). Se calcula que nueve de cada diez funciones que realizan actualmente las direcciones de Recursos Humanos son fundamentalmente transaccionales. En el futuro, las Direcciones Generales esperarán que las funciones de RR.HH. estén atentas a las nuevas exigencias: la

Dirección de RR.HH. deberá ser un socio estratégico del CEO, prestando apoyo en los aspectos relativos al desarrollo del capital humano e intelectual de las organizaciones.

Surgen en este contexto nuevas formas de actuar que, basadas en una diferente concepción del proceso de aprendizaje, y utilizando como medio las nuevas tecnologías, están llevando a cabo una revolución en la formación tradicional. Ya no se trata de aplicar más o menos horas a cubrir una serie de contenidos. La formación debe dirigirse a la mejora del desempeño de las personas y de los resultados de la organización.

C) ¿Hacia dónde debe ir la formación?

El cambio que proponemos en la formación empresarial debe pasar por establecer unos objetivos de partida, que guíen la puesta en marcha de las acciones más adecuadas. Estos objetivos se pueden resumir en los siguientes principios:

1. ***Incrementar la capacidad de razonamiento***

   Con este objetivo en mente debemos *enseñar* qué constituye una buena pregunta, una buena respuesta y un buen razonamiento.

   Los alumnos deben tener la oportunidad de practicar estas habilidades en situaciones reales, con contenidos relevantes, significativos para su crecimiento profesional.

   La educación debe evitar la tentación de *enseñar* respuestas, para concentrarse en la enseñanza de hipótesis para que el alumno pueda encontrar sus propias respuestas y pueda razonar personalmente. Ya Sócrates nos decía que «el autorrazonamiento vale más que mil razonamientos ajenos».

2. ***Aumentar la capacidad de autoaprendizaje***

   Hay que *aprender a aprender*. Por ejemplo, ante una situación de negocio cualquiera podemos enseñar a memorizar cómo funciona un proceso, o bien enseñar a utilizar unos manuales en los que se describe este proceso, o por último enseñar los principios generales de funcionamiento del proceso y motivar a las personas a crear sus propios manuales.

En entornos cambiantes donde los procesos cambian cada poco tiempo, las dos primeras opciones son inútiles (la primera por su coste y la segunda por su escasa practicidad). Por tanto, es conveniente que la formación ayude a las personas a aprender, a asimilar con rapidez los cambios para encontrar sus (nuevas) respuestas.

Debe estimularse el aprendizaje por «descubrimiento» más que el «aprendizaje vicario»[1], ya que el primero es más efectivo a largo plazo (se recuerda y se aplica).

Este tipo de aprendizaje supone a su vez ayudar a los individuos a *desaprender*. Por tanto, está muy relacionado no sólo con los esquemas de evaluación y recompensa de las organizaciones, sino también con los comportamientos directivos, dado que mecanismos de evaluación y comportamiento gerencial son las principales palancas de gestión del comportamiento en las organizaciones.

3. ***Proveer de métodos de descubrimiento a los alumnos***

La formación debe contener en sí misma la «enseñanza» de dónde encontrar más información. Se debe impulsar a responder las preguntas sin respuesta como medio para promover la creatividad, el desafío al saber «establecido» y la búsqueda de nuevas soluciones dentro de las organizaciones. La enseñanza de cómo se encuentra la información y cómo se maneja de forma adecuada ayuda a crear comportamientos que redundan en la utilidad del conjunto de la organización. Se trata de que cada trabajador disponga de la información que necesita, cuando la necesita y en la cantidad que la necesita para que pueda decidir y seleccionar la alternativa más adecuada.

4. ***Promover la enseñanza de casos y experiencias y su valor para resolver nuevas situaciones***

Esto es algo que han entendido perfectamente las escuelas de negocios tradicionales con su enseñanza basada en el método del caso. El aprendizaje «contextual» funciona mejor con los adultos que la pura exposición de conceptos o enseñanzas teóricas. Por ejemplo, la mejor manera de for-

---

[1] Término utilizado por Piaget.

mar a un vendedor en técnicas de venta es a través de la experiencia de otros vendedores. La finalidad de enseñar basándonos en casos es que la persona aprenda a adaptarlos de forma creativa; no se trata de encontrar una respuesta «buena» o «mala», sino de encontrar la solución a un problema adaptando experiencias o aprendizajes pasados o creando nuevos patrones a partir de su experiencia y de la formación.

Para la consecución de estos cuatro objetivos la formación debe transformarse, y producirse además un cambio fundamental en la manera de entender el proceso formativo. En la actualidad, el instructor transmite conocimientos, y el estudiante recibe y absorbe la máxima información posible. La educación es algo que hay que realizar *en* el alumno.

En cambio, en la visión emergente del aprendizaje cambia el paradigma. La educación es algo que hay que hacer *con* el alumno. Para que el aprendizaje sea efectivo, el alumno debe hacer uso de sus conocimientos y experiencias anteriores, conectando esos conocimientos con los nuevos conceptos. Se intenta, por tanto, construir nuevas estructuras cognitivas tomando como marco de referencia los conocimientos e ideas que ya tenemos.

En este nuevo paradigma, los alumnos son *parte activa* en el proceso de enseñanza, y su tarea de aprendizaje no se limita a un rol pasivo en una clase o aula de formación, sino que es un *proceso activo de búsqueda de respuestas*. Esta manera de entender la formación está en línea con las necesidades de las nuevas organizaciones. El entorno cambia radicalmente y la formación dentro de las empresas tiende a ser un factor estratégico[2] como medio de adaptación al entorno.

Antiguo paradigma		**Nuevo paradigma**
Cursos disponibles sólo cuando se imparten.	→	Cursos *Just-in-time*.
La misma formación para todos, impartida a un mismo ritmo.		Formación individualizada cada uno a su propio ritmo.
Exceso de clases; papel relevante del instructor.		Papel relevante del alumno; centrados en «hacer».
Evaluación basada en asistencia y/o conocimiento de datos.		Evaluación basada en desempeño, que indica las áreas de mejora y de finalización del curso de formación.

[2] Las llamadas *Learning Organizations* de Peter M. Senge.

D) ¿Cómo aplicar estos principios?

Para conseguir los objetivos mencionados en el punto anterior, la tecnología está desempeñando un papel importante en el cambio de paradigma, al crear un medio que permite aplicar esa nueva concepción de la formación.

La tradicional enseñanza asistida por ordenador (*computer based training*) se ha abierto camino fundamentalmente gracias al empleo de interfaces multimedia que combinan vídeo, audio, etc. consiguiendo un nivel de mayor interactividad en el proceso formativo, lo que fomenta un papel más activo del estudiante, obligándole a tomar decisiones/acciones e incrementando el resultado del proceso.

La interactividad hombre-máquina permite crear aplicaciones más efectivas, flexibles y, por tanto, más útiles para nuestro objetivo último: la asimilación de nuevos conceptos por parte de la persona que se está educando.

Pero no nos engañemos, el mero uso de la tecnología no es una estrategia fundamentalmente diferente a la que se venía empleando, porque responde en lo esencial a paradigmas de «transferencia» y no a paradigmas de «nueva» formación.

Para que de veras se consiga un cambio relevante en la formación es necesario, además, que los métodos de enseñanza:

- Correspondan y estén basados en la formas naturales de aprendizaje que los seres humanos utilizamos en el día a día.

- Provean al estudiante de objetivos relevantes que permitan crear un marco de referencia y motivación útil para adquirir nuevos conocimientos. La formación que no esté basada en la práctica y no permita aumentar las competencias necesarias para el desempeño está condenada al fracaso.

- Deben responder a los intereses y preocupaciones de cada persona. El apoyo y la comunicación como partes integrantes del proceso de formación ejercerán una función fundamental en la implantación de nuevas estrategias y métodos formativos.

Como síntesis podemos decir que la formación no debe preocuparse sólo de la preparación de una serie de cursos con su consiguiente título aparejado. La comunicación y el apoyo continuo a los participantes dentro de su entorno de trabajo son necesarios para tener éxito en las acciones que se emprendan en este campo. La comunicación interna y externa, los procesos de *coaching*, *counseling*, *mentoring*[3], y el apoyo firme y decidido de la dirección pasan a ser ingredientes críticos de la nueva visión de la formación.

E) Los simuladores de negocio

Los simuladores son entornos formativos (no necesariamente tecnológicos) en los que los formandos tienen la ocasión de aplicar sus conocimientos a la resolución de problemas prácticos, similares a los que se presentan en su entorno cotidiano de trabajo.

Su origen se encuentra en los entornos de formación de los pilotos de vuelo y sus fundamentos son muy similares:

— *Claridad de objetivos y replicación de circunstancias fundamentales del entorno real*: el usuario aprende realizando tareas idénticas a las del trabajo cotidiano, disponiendo de la misma información y con objetivos claramente definidos.

— *Ausencia de riesgos*: las decisiones que se toman (y, por tanto, los errores que puedan cometerse) afectan sólo al entorno del curso, permitiendo explorar posibles soluciones alternativas sin riesgos para el negocio y con la posibilidad de aprender de dichos errores, circunstancia muy difícil de replicar en el puesto de trabajo habitual.

— *Interactividad*: la consecución de los objetivos se logra a través de la realización de tareas más o menos complejas que obligan a tomar decisiones y a actuar según sus consecuencias.

[3] *Counseling* y *coaching*: son técnicas de desarrollo de capacidades de gestión. El *mentoring* es un proceso más estable de tutela de un individuo dentro de una organización por parte de un profesional más experimentado que aquél.

El entorno de trabajo puede estar completamente informatizado (igual que en los simuladores de vuelo de los pilotos) o puede ser una aproximación «física» al mundo real (por ejemplo, casos de negocio), si bien cuando hablamos de simuladores de negocio en este contexto, generalmente el entorno cuenta con todos los elementos de apoyo (informáticos y no informáticos) para el desarrollo del trabajo en el escenario simulado (ver gráfico).

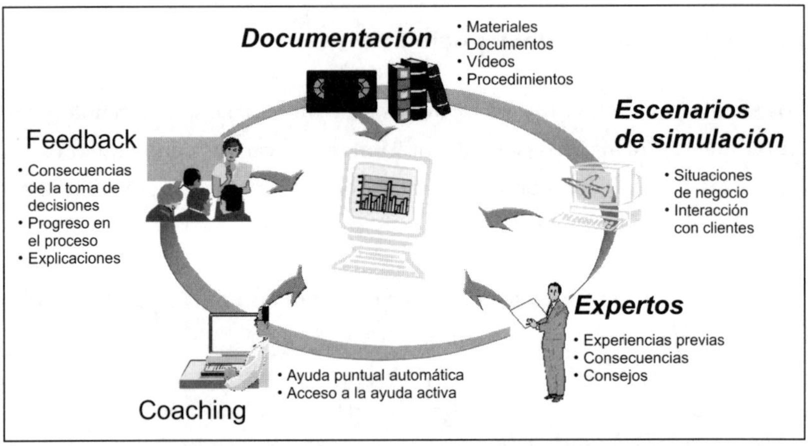

Gráfico 1: Elementos de un simulador de negocio

El objetivo, como ya se ha mencionado anteriormente, es crear métodos educativos que aprovechen la potencia de estas formas «naturales» de aprendizaje. Estos métodos están en consonancia con el nuevo paradigma en la educación ya expuesto y dejarían a un lado el tradicional «modelo de transferencia», también llamado de «esponja».

La gran ventaja de este tipo de entornos es la alta similitud con el mundo real, con lo que se producen aprendizajes *ready to job*, muy cercanos al trabajo en el mundo real. El alto grado de interacción fomenta que se «aprenda haciendo» método que constituye una de las vías fundamentales de aprendizaje en los adultos.

A la hora de diseñar un entorno de formación como el descrito es conveniente entender cómo aprendemos. Existen cuatro circunstancias fundamentales en las que se desencadena el proceso del aprendizaje.

1. *Fallo en las expectativas.* Ocurre cuando algo inesperado sucede y nos preguntamos el porqué de un determinado fenómeno o acción. Cuando esto ocurre nuestro conocimiento –que se estructura en la memoria en forma de «guiones»–[4] se transforma produciéndose aprendizaje.

2. *Motivación interna.* Ocurre cuando, por cualquier causa, tenemos interés por un tema en concreto. En estos casos la persona quiere aprender algo y utiliza su motivación como motor fundamental de aprendizaje.

3. *Motivación externa.* Unas circunstancias concretas nos obligan a aprender sobre un tema en concreto («tengo» que aprender algo). Con este tipo de aprendizaje se crean nuevos «guiones», por contraste o por reestructuración[5] de los guiones existentes.

4. *Aprendizaje accidental.* Ocurre cuando aprendemos algo sin darnos cuenta. La información adquirida de esta forma se aprenderá realmente si somos capaces de recordarla e incorporarla a nuestros esquemas de conocimiento. Esto nos lleva al mismo lugar que el punto anterior.

F) La secuencia de aprendizaje

En todo proceso de aprendizaje, ya sea sobre la forma de utilizar un nuevo sistema de información para el área de compras o en la enseñanza de habilidades de gestión empresarial, el proceso mediante el que se transforman nuestras estructuras de la memoria es similar. Cuando se hace necesaria la asunción de un nuevo conocimiento, el proceso que seguimos es el llamado «cascada de aprendizaje»:

---

[4] Ver SCHANK, R.: *Script, goals, plans and understanding*. Estas estructuras en la memoria están organizadas de manera que en cada momento podemos predecir qué va ocurrir en una determinada secuencia. Tenemos expectativas. Por ejemplo, cuando una persona va a un restaurante sabe que es un lugar en el que se sentará en un mesa, una persona vendrá y me ofrecerá una carta, etc. Estos guiones pueden llegar a ser muy complejos. Cuando algún acto que no contemplamos en el «guión» ocurre, es el momento en el que se produce el aprendizaje.

[5] «Aprendizaje por reestructuración» o «por contraste» son términos utilizados por Piaget.

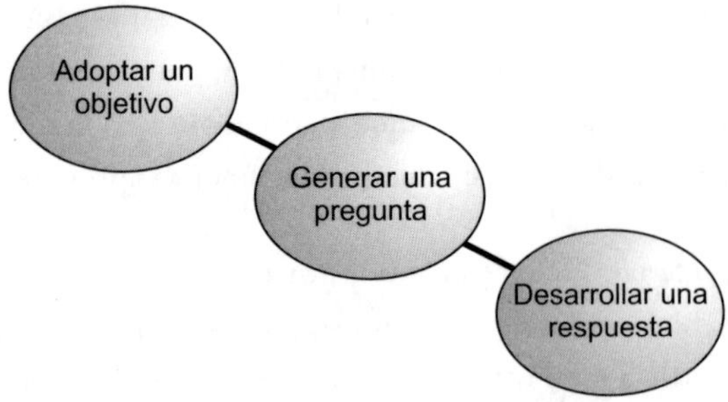

Cuando aprendemos adoptamos un determinado *objetivo* que viene propiciado por una de las cuatro circunstancias anteriormente descritas (fallo en las expectativas, motivación interna, motivación externa o aprendizaje accidental). De forma automática generamos una «pregunta». Esta pregunta guía el desarrollo de una *respuesta*, que será el contenido del aprendizaje.

La formación tradicional, por contra, presenta las «*respuestas*» en primer lugar y estructura alrededor de ellas sus contenidos. Ésa es la causa última del olvido de los contenidos de formación y de su falta de eficacia: no responde a la estructura «natural» del aprendizaje humano.

Apoyándonos en esa estructura de aprendizaje se diseñan los simuladores de negocio, cuya estructura guarda –por lo general– una estrecha relación con el modelo de aprendizaje natural. Se desencadena la búsqueda de objetivos de aprendizaje adecuados a través del error o de la formulación de una meta y el posterior proceso de *pregunta-respuesta* basado en la reflexión del alumno y en la posterior búsqueda de la solución (bien sea sobre la base de casos, historias de expertos –*war stories*– o a la propia exploración del alumno) lleva a un aprendizaje relevante y, eventualmente, a la resolución de la «pregunta».

El factor común de estos principios de diseño está en proveer al estudiante de técnicas para el *control sobre el medio*. Es el alumno quien debe dar el primer paso en la búsqueda de la información, porque un contexto determinado así lo provoca, y este contexto debe servir, además, como marco de referencia para asimilar la nueva información en su memoria conectándola con su mapa mental previo.

Estos principios trascienden el campo de la enseñanza asistida por ordenador y son perfectamente aplicables al diseño de cursos convencionales.

2.2. «Oigo y olvido, veo y comprendo, hago y aprendo» (Confucio)

La aplicación de estos principios al mundo empresarial: los simuladores de negocio en la formación en gestión de proyectos en el sector de automoción

El sector de componentes de automoción es uno de los más globalizados y competitivos que existen en el mundo.

Se calcula que el número de participantes en este mercado se ha dividido entre diez en los últimos años y la tendencia es aún acelerada hacia la concentración o desaparición de las compañías que no estén en disposición de competir.

Existen dos factores principales, diferentes en su origen pero convergentes, detrás de este proceso de concentración de los suministradores.

— Por una parte, el balance de poder entre clientes (los fabricantes de vehículos que todos conocemos) y sus suministradores obliga al crecimiento para obtener un mayor balanceo del poder de negociación.

— Por otra parte, la presión de la demanda y el exceso de capacidad de los fabricantes lleva a que éstos transfieran muchas de las actividades tradicionales de ingeniería a sus suministradores, concentrándose ellos en las actividades de integración y ensamblaje[6] y en las relacionadas con la comercialización. En consecuencia, los suministradores se fusionan –si no son lo suficientemente grandes– para poder soportar las significativas inversiones en ingeniería que los fabricantes les demandan.

Estas circunstancias complican extraordinariamente la gestión del negocio, ya que tienen implicaciones muy considerables sobre la gestión económica y financiera de los proyectos[7]. El impacto en la cuenta de resultados de errores de planificación o gestión en cualquiera de sus fases (la oferta, el

---

[6] No en todos los casos los fabricantes realizan el ensamblaje. Existen suministradores (conocidos como suministradores 0,5) que desarrollan toda la operación de integración del vehículo.

[7] Un proyecto es un pedido.

desarrollo, la cadencia y productividad en la serie, etc.) especialmente en grandes pedidos puede alterar fundamentalmente los resultados de la compañía durante años (no debe olvidarse que los pedidos son multi-año, asociados a la vida serie del vehículo en que se montan y que, además, los fabricantes exigen rebajas de precio anuales).

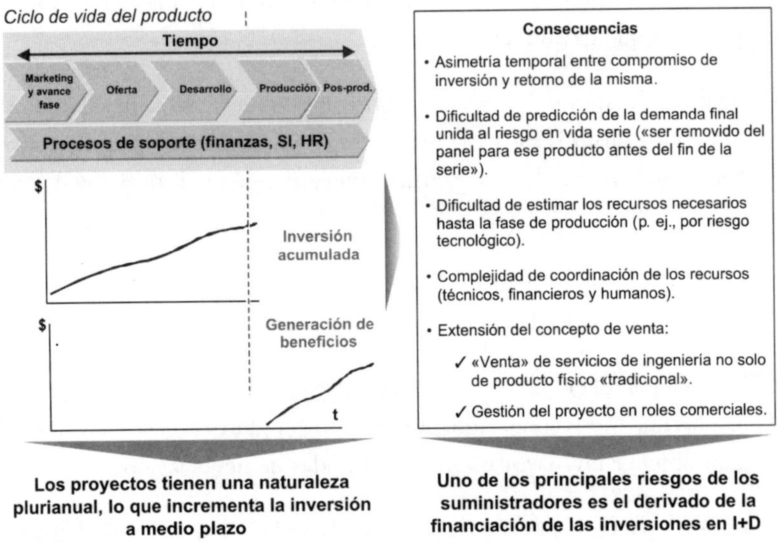

Todas estas circunstancias llevan a que aparezca un conjunto de roles clave en la organización: responsables comerciales (*key account managers*), responsables de proyectos de ingeniería y responsables industriales de cuyo rendimiento en el puesto depende en gran medida la cuenta de resultados de la organización.

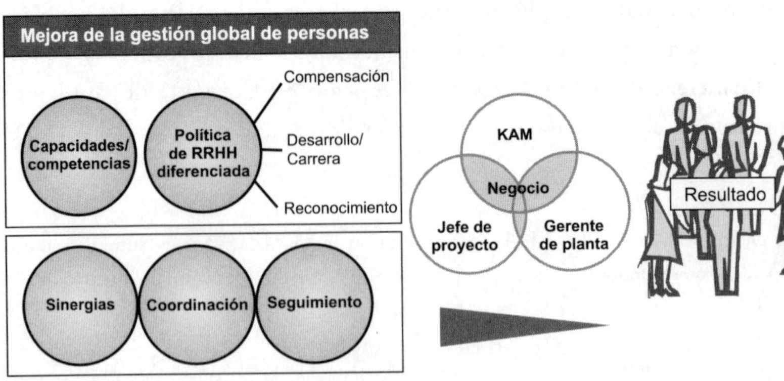

El rol de estos *«colectivos clave»* en el rendimiento final de la organización es esencial.

Por esa razón, al inicio del año 2002, el Comité de Dirección de Grupo Antolin decidió lanzar un programa formativo a escala mundial para el desarrollo de habilidades de gestión en esos colectivos clave.

Dada la dispersión geográfica y la necesidad de estructurar la formación de manera homogénea alrededor de las necesidades más comunes (desarrollo de habilidades de gestión tradicionales, desarrollo de capacidades en aspectos relativos al control económico de los proyectos, etc.) el Grupo decidió que la mejor manera de cubrir esas necesidades era realizar un diseño común de formación (el Programa de Calidad Directiva) basado en los principios de enfoque formativo anteriormente expuestos.

Para su ejecución se desarrollaron diversas herramientas formativas (algunas basadas en formación tradicional y otras fundamentadas en herramientas tecnológicas) pero con un *nexo común de actuación*: la creación de escenarios de aprendizaje que reflejasen las situaciones de trabajo más habituales de los roles clave de la organización en la gestión de los proyectos.

En primer lugar, se identificaron los escenarios críticos en la gestión de un proyecto de desarrollo de producto y de proceso de un componente para un cliente. A modo de ejemplo:

— Gestión del proyecto (en la que el desarrollo de las habilidades de comunicación, delegación, etc. son esenciales).

— Planificación y despliegue de objetivos (en los que el desarrollo de las habilidades de gestión, pero también de los conocimientos técnico-económicos es esencial).

— Cálculo y seguimiento de la rentabilidad del proyecto.

Desde el punto de vista instruccional se combinaron técnicas formativas tradicionales con técnicas formativas apoyadas en el ordenador [por ejemplo, en el apartado de formación relativo al cálculo y seguimiento de la rentabilidad en el proyecto se utilizó la formación asistida por ordenador centrada alrededor de una misión u objetivo (en ese caso la «metáfora» que desencadenaba los objetivos de aprendizaje era la celebración de un premio automovilístico cuyos jalones principales estaban asociados a la planificación y desarrollo de un proyecto)].

En otros casos, como los más relacionados con el desarrollo de habilidades, el trabajo se realizó a través de técnicas de *role playing* y fundamentado en la compartición e intercambio de experiencias. En cada caso, pues, la técnica instruccional se adaptó al tipo de habilidad y al contexto de aprendizaje manteniendo siempre una perspectiva activa y práctica del alumno.

Con posterioridad, y a lo largo de los dos últimos años, se ha extendido este programa de formación a las distintas geografías en las que Grupo Antolin está presente y se ha convertido en una herramienta esencial para la renovación de las habilidades de gestión de proyectos de todos los colectivos clave de la organización.

En paralelo, el Grupo ha impulsado la comunicación interna en la organización y se han reposicionado desde el punto de vista organizativo los puestos clave de la organización anteriormente mencionados, de modo que se genere el entorno de aprendizaje más adecuado para el desarrollo de las capacidades necesarias en esos puestos clave.

2.3. Conclusiones

La estrategia de formación que debemos aplicar en el futuro se podría resumir en la frase: «El interés es algo demasiado valioso para ser desperdiciado».

— Se debe dar responsabilidad a los alumnos sobre el proceso de aprendizaje como método para conseguir una mayor efectividad en las acciones de formación que se emprendan.

— La responsabilidad de la educación debe pasar de los educadores a los alumnos. Estos nuevos enfoques de formación (como son los simuladores de negocio) permiten realizar este cambio al crear entornos de formación que, basados en las estrategias naturales de aprendizaje, pongan al alumno en el «medio» de una situación o contexto que le provea de la motivación y el interés suficientes para aprender a su propio ritmo.

— La metodología de las acciones y situaciones que deben plantearse al alumno para maximizar el aprovechamiento formativo son las desarrolladas en el modelo de «cascada de aprendizaje» presentado anteriormente.

En el fondo nada ha cambiado. Cuando recordamos buenos profesores de nuestros tiempos de estudiante, éstos suelen tener muchas características similares: capacidad para involucrarnos y hacernos partícipes de sus explicaciones, adecuación de los problemas generales a los alumnos y su contexto, uso de metáforas o historias y anécdotas relevantes con respecto al tema objeto de explicación, etc.

Todos esos principios comunes han sido profundamente estudiados y estructurados, de modo que dan lugar a los nuevos paradigmas formativos descritos en este capítulo.

Para concluir podemos volver a las palabras de Charles Handy[8] «El aprendizaje es algo que sucede toda la vida, a menos que lo impidamos. Por tanto, las organizaciones necesitan conscientemente convertirse en organizaciones de aprendizaje, lugares donde el cambio es una oportunidad, donde las personas van creciendo mientras trabajan».

3. El papel de la tecnología en la gestión integrada de RR.HH. El nuevo entorno y la gestión de los recursos humanos

En los últimos años, el entorno en el que viven y se desarrollan la actividades de las empresas ha sufrido una rápida y profunda evolución.

[8] HANDY, CH.: *La edad de la sinrazón*, Apóstrofe, Barcelona, 1997.

Las empresas se enfrentan a:

— Una *globalización* de los mercados: un mundo interconectado en el que las transacciones económicas se producen las 24 horas del día, con independencia de la localización geográfica, la moneda, etc.

— Un alto grado de *incertidumbre* económica, política y social que impacta fuertemente en la empresa.

— Una gran volatilidad del mercado, los productos y su ciclo de vida,...

— Una modificación de los *perfiles de clientes y consumidores*, que disponen de mayor conocimiento y formación y exigen soluciones globales cada vez con más frecuencia.

— Una complejidad de valoración de las propias empresas, debido a la inclusión de factores intangibles –hasta ahora no contemplados en la medición del valor de las empresas– y a las conexiones entre mercados.

— La creciente importancia de la responsabilidad social hacia el entorno y la sociedad en general.

Únicamente aquellas empresas que mejor sepan adaptarse a los cambios que trae consigo este nuevo entorno y que sean capaces de dar una respuesta más rápida y adecuada a los retos que se plantean serán capaces de sobrevivir.

Podemos afirmar que en los últimos años la tecnología ha transformado significativamente la empresa, las relaciones laborales, las capacidades requeridas e incluso la cultura y valores de las organizaciones.

Hoy son las telecomunicaciones y la tecnología quienes están transformando las empresas. La participación en la nueva economía y las exigencias de un mercado cambiante hacen que las compañías se enfrenten a retos que demandan un cambio en el comportamiento de la empresa y de los empleados: es necesario ser eficientes y ágiles en dar respuesta.

Este nuevo entorno requiere que la empresa disponga de:

— Una *Visión Estratégica* de Compañía y un posicionamiento claramente definido en el que la empresa presente importantes elementos de diferenciación frente a la competencia.

— Una gran *agilidad* en la búsqueda de los mejores recursos para la empresa, tanto internos como externos.

— Procesos y tecnologías innovadores que garanticen una adecuada gestión de los costes y dificulten la entrada de nuevos competidores.

— Una adecuada comprensión de las necesidades y expectativas de todos los colaboradores o participantes en el entorno de la propia empresa (proveedores, clientes, competidores, socios, accionistas, sociedad, ...).

— Unos profesionales cualificados y *comprometidos* con los objetivos de la organización, más allá de posiciones jerárquicas o locales.

— Unas *soluciones globales*, más allá de un catálogo de productos y servicios, que sean las mejores, lleguen lo más rápido posible al mercado y estén adaptadas a las necesidades de cada momento (soluciones *on-demand*).

— Unas *ventajas competitivas* frente a la competencia consolidadas en el tiempo.

Las empresas requieren...

- Visión estratégica.
- Agilidad.
- Innovación.
- Cercanía al cliente.
- Profesionales cualificados y comprometidos.
- Soluciones globales y *on-demand*.
- Ventajas competitivas.

El *mantenimiento sostenible de la ventaja competitiva* radica en la gestión competente de los recursos clave, aquellos que aportan valor, son duraderos, difícilmente imitables o sustituibles y están protegidos frente a la posible apropiación por parte de terceros. Cuando pensamos en los recursos de una compañía, muy pocos de ellos cumplen estos requisitos, y el *recurso humano* suele estar siempre entre los elegidos. Las personas, los empleados, son la mayor fuente de ventaja competitiva hoy día. Y resulta arriesgado dejar la gestión del activo más preciado a las leyes del azar. Debemos desarrollar métodos sistemáticos de gestión que nos permitan extraer de nuestras personas todo el potencial que encierran.

Éste debe ser el objetivo principal de las políticas de Dirección de Recursos Humanos.

3.1. La respuesta de Recursos Humanos

En los últimos años, el área de *Recursos Humanos ha tenido que cambiar* drástica y rápidamente para adecuarse a este nuevo marco de actuación.

Es imprescindible *transformar la función de Recursos Humanos* dentro de las empresas, desde un modelo tradicional basado en la concepción de recursos humanos como un área *staff* de la compañía, centrada en la realización de tareas principalmente administrativas, hacia un modelo en el que Recursos Humanos se convierta en socio del negocio, participando principalmente en tareas estratégicas y siendo una figura cercana capaz de garantizar la ventaja competitiva de la compañía, y todo esto con unos costes de recursos razonables.

En este sentido, es importante destacar el esfuerzo que están realizando todas las funciones de RR.HH. para evolucionar y transformarse en socios del negocio, incrementando la contribución y valor añadido que se aporta a la empresa. Este proceso evolutivo requiere su tiempo y es necesario pasar por varias fases:

1. Comprender los procesos parciales para llegar a procesos globales: servicio al empleado, optimizado aunque reactivo.

2. Aportar soluciones: proactividad en la resolución de problemas de gestión de recursos humanos, rompiendo la barrera «línea-*staff*».

3. Contribuir al negocio: proponer mejoras y definir políticas y planes alineados con sus necesidades.

4. Ser una pieza clave en la visión estratégica.

5. Ser socio del negocio.

El proceso de evolución permite llegar a ser un área clave facilitando la alineación de toda la compañía y promover la implantación de las estrategias empresariales apoyándose en el recurso más importante de la empresa: las personas.

Recursos Humanos se encuentra ante el reto de transformarse internamente y caracterizarse por nuevos comportamientos y actitudes:

— Estar *alineado* con la estrategia y objetivos de la compañía.

— Ser un verdadero *socio del negocio*, alguien en quien el resto de la empresa confía para llevar a cabo sus metas y objetivos.

— Estar orientado al concepto *servicio* y centrado en funciones de *valor añadido* desarrolladas por expertos.

— Ser *ágiles* ante las demandas y necesidades de los empleados y el negocio, más allá de posiciones geográficas y con una actitud proactiva.

— Aportar planes y procesos que permitan el desarrollo de los profesionales que la compañía necesita.

— Consolidar las prácticas de gestión de personas de todos los directivos con sus equipos.

— Impulsar actitudes de auto-responsabilidad en todos los empleados.

— Ser responsable y capaz de impulsar cualquier transformación de la compañía a través de la adecuada gestión del talento de la organización, así como la retención y atracción de los profesionales más adecuados para ello.

— Estar al día de las mejores prácticas en gestión de recursos humanos, buscando activamente en el mercado lo que mejor satisface las necesidades de la compañía.

En este marco de actuación, el principal objetivo de la función de Recursos Humanos, y que además se da en todas las organizaciones empresariales, es:

Lograr que los recursos humanos sean una ventaja competitiva para la compañía.

De este modo la empresa será capaz de dar respuesta a los cambios exigidos por el entorno. Gestionar personas es un arte, y hacerlo bien requiere mucho conocimiento, experiencia, dedicación y, sobre todo, pasión.

Para ello existe una regla de oro básica que rige el comportamiento y la estrategia del área de recursos humanos en todas las empresas:

Disponer de los mejores profesionales, en el puesto más adecuado y todo esto en el momento necesario.

Directamente relacionadas con esta gran meta en la gestión de los recursos humanos cobran importancia otras cuestiones que se constituyen para alcanzar la meta:

— Cómo atraer, retener y motivar a los empleados.

— Garantizar un adecuado desarrollo profesional.

— Evaluar el desempeño y retribuirlo adecuadamente.

— Definir objetivos de recursos humanos alineados con la estrategia y la Visión.

— Desarrollar a los líderes de la compañía e identificar y preparar a sus sucesores.

La única manera de que las empresas garanticen su éxito en el largo plazo es realizar excelentemente todas estas actividades clave que proporcionan una ventaja espectacular. Son la base, los cimientos, y quien no tenga un buen *performance* en estas actividades no logrará triunfar en el nuevo entorno empresarial.

No existe una receta, pero sí distintos elementos que hay que tener en cuenta y que deben estar integrados entre sí. Nuestro mundo gira ahora en torno a las ideas, al talento, a la motivación de individuos y grupos de individuos que son capaces de construir, antes que nadie, productos y servicios de valor añadido para mercados específicos. Los responsables de Recursos Humanos deben identificar las nuevas tendencias del mercado y sus nuevas necesidades en un proceso de reconfiguración permanente.

3.2. La Gestión Integrada de Recursos Humanos

El ejemplo de Repsol YPF

En RepsolYPF hemos apostado por la *Gestión Integrada de los Recursos Humanos* como respuesta a las demandas de la compañía. Y la única manera de conseguirlo es a través de una integración en diversos niveles:

— Los modelos y estrategias.

— Las políticas de gestión de recursos humanos.

— Los servicios, globalizando, pero a su vez actuando de manera descentralizada en los lugares donde sea necesario.

— Sea los sistemas de información, de una tecnología que permita realizar una gestión homogénea en todo el mundo y para todos los empleados.

Hoy en día es un hecho no discutido por nadie que *la tecnología es capaz de aportar* a las empresas –nuevas o tradicionales– ventajas competitivas y diferenciación a través de la optimización de costes, la mejora de los procesos, la disponibilidad de productos y servicios con independencia de variables como el espacio o el tiempo, etc.

Todo esto, unido a conceptos como *e-business* y *on-demand*, convierte a la tecnología en un *factor clave de éxito que las empresas* deben considerar en la definición de sus estrategias, objetivos y planes de actuación en materia de gestión de recursos humanos.

Generalmente, cuando los departamentos de recursos humanos se plantean la automatización y utilización de la tecnología, comienzan por aquellas funciones más lejanas a los empleados: los temas administrativos de gestión de personal. Poco a poco, se va produciendo una mayor implicación o cercanía del empleado, realizando importantes inversiones en sistemas de gestión de formación y de capacidades. Pero lo realmente potente es llegar a conseguir una gestión integrada de los recursos humanos a través de la tecnología.

Pero, ¿qué entendemos en Repsol YPF por Gestión Integrada de Recursos Humanos?

La Gestión Integrada de Recursos Humanos es el modelo de referencia para gestionar personas en RepsolYPF. Es un conjunto de políticas, sistemas y procesos que están alineados con la Visión Estratégica de la Compañía y de la Dirección Corporativa de Recursos Humanos y que, además, «se hablan» entre sí. Supone que las actuaciones en cada uno de estos ámbitos (políticas de gestión de personas, campañas de recursos humanos y las modificaciones de criterios de alguno de los elementos del sistema) afectan necesariamente al resto.

En este sentido, es importante reflejar la *evolución de los sistemas de información, desde*... una organización compartimentada, por funciones y por empresas, con distintos modelos de gestión, plataformas tecnológicas diferentes, funciones y datos duplicados y con necesidad de numerosos procesos o interfases para consolidar la información ...**hacia**... un modelo, de gestión

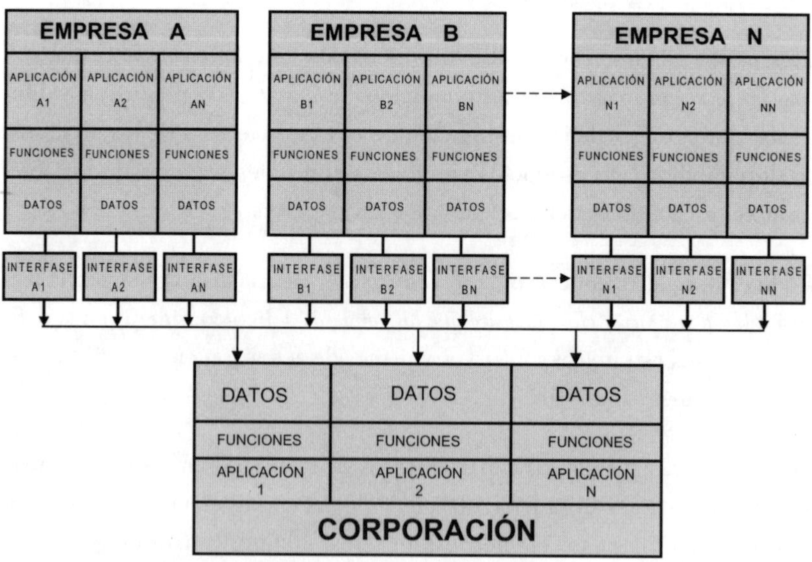

única, en una misma plataforma tecnológica, donde se puede disponer de información única a distinto nivel (empleado, unidad organizativa, empresa, grupo, etc.) sin necesidad de procesos de consolidación.

Todas las acciones clave de recursos humanos, como: la organización y planificación de los recursos, la selección, la movilidad horizontal o vertical, el desarrollo de carrera, el aprendizaje, la promoción, la retribución, etc., son actividades que se realizan de un modo integrado a través de nuestros sistemas. Los sistemas de información proporcionan ejes transversales que relacionan y asocian los procesos de recursos humanos para responder simultáneamente a las necesidades de la compañía y de las personas que la integran.

A continuación vamos a analizar *cómo se enfocan todas estas actividades* dentro de RepsolYPF y *cómo la tecnología garantiza la gestión integrada* de los recursos humanos. Sin un sistema base en el que todos estos aparezcan integrados no podríamos tomar decisiones globales.

En RepsolYPF se han identificado *cinco grandes factores críticos de éxito* en los que se apoya la Gestión Integral de RR.HH. Dar la respuesta adecuada y conseguir ser mejores que la competencia en el modo de gestionarlos nos garantiza que nuestra Compañía dispone de una ventaja competitiva muy sólida y basada en sus recursos humanos:

FACTORES CRÍTICOS DE ÉXITO
1. Difundir el marco estratégico de la compañía.
2. Dotar a la organización de las personas adecuadas.
3. Favorecer el desarrollo profesional y de las competencias.
4. Compensar a los empleados de manera competitiva y atractiva.
5. Administrar eficientemente los recursos.

1. Difundir el marco estratégico de la compañía

Definir y difundir el marco estratégico de la compañía: Visión, Valores y Estrategia, creando sentimiento de cultura compartida. Si todos los empleados disponen de un marco común de actuación los esfuerzos se optimizan. Éste constituye el marco de referencia para todas las actuaciones de la compañía.

El Grupo impulsa la comunicación de forma ascendente, descendente y horizontal, poniendo a disposición de su capital humano diversos canales que contribuyen al éxito de la misma. Para poder realizar correctamente estas actividades de difusión del contexto y cultura de la Compañía Repsol YPF se apoya en la utilización de la siguiente *tecnología*, que se constituye en un canal de comunicación adicional a los que tradicionalmente se utilizan en todas las empresas (revistas internas, boletines, folletos, reuniones presenciales,...):

— *Sistemas de correo electrónico*. Hoy día están presentes en todas las localidades, a través de ordenadores personales, portátiles, quioscos informáticos en factorías y sistemas como PDA's y móviles.

— *Intranet*. Es uno de los principales medios de comunicación que, además, se encuentra regionalizado, con contenidos adaptados por negocio y área de actividad corporativa. Dentro de la Intranet, Repsol YPF tiene un portal del empleado de especial importancia para la gestión de los RRHH. En este portal se encuentran representadas todas las funciones de RR.HH., con canales específicos a través de los cuales el empleado recibe información, solicita servicios de RR.HH. y autogestiona algunos de ellos. El portal del empleado es una pieza clave que, además, se encuentra integrada con todos los sistemas de información que soportan la actividad de RR.HH. De este modo pueden automatizarse determinados procesos de formación, selección o evaluación de competencias a través del entorno web.

— *Extranet*. Aporta información de la actividad interna a todos los grupos externos que se relacionan con la empresa: accionistas, proveedores, clientes, socios, inversores y la sociedad en general.

— *Sistemas de comunicación*. Permiten mantener reuniones y contactos a nivel internacional: Conference-call, videoconferencias, Webcasts...

— *Plataformas*. Posibilitan la realización de encuestas de clima laboral, así como el análisis consistente y estratificado de los resultados.

Además, para una utilización eficiente de todos los canales, haciendo llegar los mensajes a aquellos que los necesitan o hacia los que van dirigidos, es necesario disponer de unas buenas *bases de datos* que permiten la identificación y selección de colectivos para la emisión de diferentes informaciones.

2. **Dotar a la organización de las personas adecuadas**

Conseguir que cada persona en la empresa ocupe aquel puesto para el que es la mejor no es una tarea sencilla. Sin embargo, es el único modo de aprovechar al máximo los conocimientos existentes en la compañía. Para ello, es necesario conocer el dimensión adecuada de la organización, el tipo de puestos y las funciones, responsabilidad y capacidades que tienen asociados.

Pero, además, es preciso garantizar que existen unos procesos eficientes de selección, rotación y movilidad en el ámbito nacional e internacional, que asignen personas con las capacidades requeridas para las vacantes existentes.

Es interesante analizar en este momento las actividades realizadas en los ámbitos de organización, planificación de necesidades de recursos, selección,...

Organización

Como escenario para el crecimiento de su capital humano, RepsolYPF desarrolla estructuras organizativas eficientes y flexibles que responden a las necesidades de negocio. Estas estructuras están compuestas por posiciones que acreditan determinadas características en lo que se refiere a competencias y nivel profesional. Las posiciones con fuerte analogía pertenecen a una misma familia profesional y se integran en los denominados puestos tipo. Los puestos tipo se han identificado y definido a partir de la evaluación y el consenso de directivos y técnicos especialistas del negocio. Se dispone de una estructura con unos puestos tipo asignados que, a su vez, se relacionan con un nivel de clasificación profesional determinado. Toda esta información se encuentra recogida en los sistemas de información, de tal modo que, cuando es necesario cubrir una vacante, está perfectamente definido el conjunto de funciones estables, la misión común y las competencias genéricas y técnicas que son necesarias para cubrir ese determinado puesto. De este modo, la perfecta definición de puestos y organización en los sistemas de información facilita la selección de candidatos para cubrir el puesto.

Planes de empleo

Las estructuras organizativas se nutren de personas a partir de la definición del Plan Anual de Empleo, que refleja el número de personas que trabajan en la compañía y en cada área de negocio, así como el número de promociones, rotaciones internas e incorporaciones de profesionales con o sin experiencia que será necesario realizar a lo largo de un ejercicio.

El Plan Anual de Empleo recoge las necesidades de personas existentes en la compañía, identificando en qué áreas hay puestos sin cubrir que necesitan ser cubiertos o aquellas áreas en las que hay excedentes que pueden ser empleados en otras Unidades.

Disponer en los sistemas de información de toda la información relativa a las posibilidades de movimiento y, además, con los requisitos de capacidades, funciones y nivel profesional facilita la toma de decisiones en la asignación de personas a la estructura.

Selección

Las necesidades de cobertura de vacantes se gestionan a través de la selección de profesionales internos (dando lugar a procesos de movilidad, rotación o promoción) o externamente (realizándose procesos de selección externos).

En todos estos procesos de selección es clave disponer de las funciones y capacidades requeridas para los puestos tipo que se precisa cubrir. Cada posición en la organización está caracterizada por unas funciones, responsabilidades y capacidades. Así, en el momento que se realiza una petición de cobertura de vacantes desde el negocio, ésta queda registrada en los sistemas de información y es recibida por los responsables de selección con los requisitos del puesto, así como cualquier otro requisito adicional que el solicitante quiera incluir. De este modo, la eficacia está garantizada. Las personas que realizan la selección tienen identificadas las condiciones de satisfacción para aceptar un candidato en el puesto. Además, se realiza una publicación en la Intranet de las vacantes para que cada empleado pueda acceder a aquellas que le resulten de interés. La búsqueda de candidatos internos se basa en el análisis de capacidades potenciales, nivel de desempeño ligado a competencias, planes de sucesiones elaborados para cada negocio y servicio, etc. Además, se puede realizar un seguimiento del estado de las candidaturas, y todo esto *on line*.

En la selección externa se dispone de un registro de curricula on-line así como de áreas de preferencias.

De nuevo, la tecnología se convierte en elemento esencial para agilizar los procesos de recursos humanos, así como la calidad de los servicios que proporciona.

De este modo, para dotar a la Organización de las personas adecuadas, en RepsolYPF se dispone de unos sistemas integrados, especialmente focalizados en la gestión de los *módulos* de organización, cualificaciones y gestión de candidatos.

3. Favorecer el desarrollo profesional y de competencias

Tras la realización del primer Estudio de Clima mundial en la Compañía, el desarrollo profesional se ha convertido en una de las líneas prioritarias de actuación de RR.HH. y de toda la empresa, liderado por el Comité de Dirección.

Para ello, se realiza una serie de actividades que a su vez están relacionadas entre sí. Quizá la más importante tiene que ver con la evaluación de las competencias de los empleados, con el objetivo de facilitar su desarrollo profesional en línea con las necesidades y los objetivos de negocio.

Como es lógico, para favorecer el desarrollo es necesario ir más allá de la realización de una evaluación de competencias. Es preciso que el área de Recursos Humanos sea capaz de adelantarse, dando hoy respuesta a los que los negocios necesitarán mañana, estando alerta y proporcionando formación, movilidad y desarrollo profesional en la dirección que la organización necesita.

Esto se realiza a través de un sistema de gestión de competencias en el que éstas se encuentran ligadas con los Valores, la Visión y la Estrategia de la Compañía. Los sistemas de información deben relacionar la formación con los niveles de competencia requeridos, los puestos con los niveles de competencias y las vacantes con los puestos y las competencias requeridas.

El sistema de gestión por competencias

La inversión más rentable es aquella que se realiza en el capital humano de la organización. El modelo de gestión por competencias concreta y define actitudes, comportamientos, conocimientos y habilidades que el capital humano debe acreditar, ejecutar y desarrollar para asegurar la ventaja competitiva del Grupo. El modelo cuenta con:

— Diez ***competencias genéricas*** que dibujan el perfil de los profesionales de RepsolYPF y que han sido identificadas y definidas en detalle por directivos y profesionales de referencia, garantizando que responden a lo que la empresa necesita.

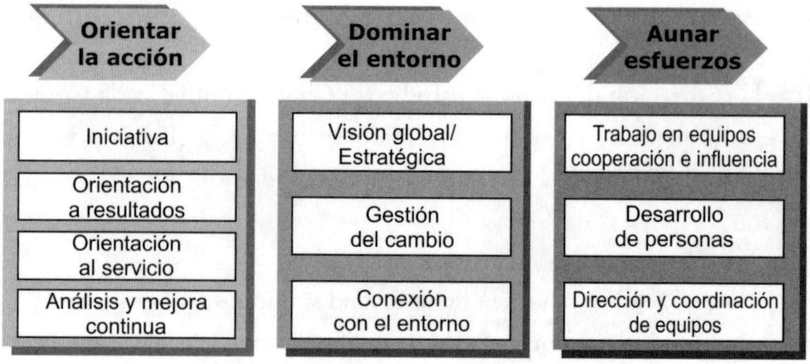

— *Competencias técnicas*, específicas para cada área de negocio, servicio o actividad, identificadas conjuntamente entre especialistas de recursos humanos y expertos técnicos.

Cada una de las competencias técnicas y genéricas tiene unos niveles de contribución de referencia que permiten atribuir grados de aptitud desde «aprendiz» hasta «experto». Los sistemas de información de RepsolYPF cuentan con un adecuado registro de los árboles de competencias (técnicas y genéricas), así como con los mapas de áreas de actividad con ámbito mundial para todo el Grupo.

Evaluación de competencias

Se trata de un proceso automatizado por el cual todos los empleados de la compañía pueden evaluarse en competencias. Las competencias en las que se evalúa cada empleado son las que se corresponden con el puesto tipo que ocupa. La correcta asignación en los sistemas de información de puestos tipo permite que se identifiquen desviaciones respecto a los niveles requeridos y que se planifique el desarrollo profesional.

La evaluación de competencias se realiza desde el Portal del Empleado de la Intranet y está soportado *on line* en SAP, mediante un sistema de evaluación multifuente o 360°. Se realiza en el sistema tanto la elección de evaluadores como la propia evaluación, así como el análisis de la información y generación de informes.

Rutas profesionales

Uno de los instrumentos más importantes para el desarrollo profesional es la correcta configuración de rutas profesionales. Todos los empleados pueden acceder a las rutas profesionales asociadas a su puesto tipo, conociendo los trayectos que tiene establecidos la compañía para el desarrollo tanto de las carreras técnicas como de gestión, caminos paralelos y específicos por los cuales transita el desarrollo profesional en Repsol YPF.

Planificación del desarrollo

El desarrollo profesional se planifica teniendo como referencia:

— Las desviaciones en competencias respecto al puesto tipo actual.

— Las competencias requeridas para un puesto al que se quiera acceder, a través de las rutas profesionales existentes.

— Las evaluaciones del desempeño.

— Los objetivos anuales, que pueden requerir el desarrollo de determinadas capacidades o la adquisición de conocimientos especialistas que no se tienen en la actualidad.

Los planes de desarrollo contendrán acciones de formación, rotación o movilidad, etc., y se registran en el Gestor de Desarrollo (gestionado por los empleados desde el Portal del Empleado, en la Intranet, soportado en SAP).

El Gestor de Desarrollo permite a cada empleado:

— Acceder a la información de su Unidad, del puesto, su adecuación al puesto y su proyección.

— Identificar sus necesidades de movilidad y objetivos de mejora para crear un plan de desarrollo.

— Vincular las acciones de desarrollo que están catalogadas como formación con el gestor de formación.

— Realizar el seguimiento de los planes de desarrollo.

De este modo, se lanzan los procesos correspondientes de:

— *Formación.* Para facilitar la elección de cursos de formación, los empleados pueden conocer qué cursos existen (tanto a nivel corporativo como de unidad) para desarrollar cada una de las competencias técnicas y genéricas. El Gestor de Formación permite realizar la inscripción a los cursos y conocer en todo momento la situación en la que se encuentra el empleado con respecto al curso. Además, una vez realizado el curso queda registrado en SAP.

En la mayor parte de las ocasiones, los cursos que realiza un empleado son a petición del propio trabajador. Sin embargo, existen determinados programas corporativos para colectivos específicos a los que los empleados, pertenecientes a los mismos, son invitados a participar. Y esto sólo puede realizarse con una adecuada gestión de las bases de datos en las que quedan recogidas las posiciones o criterios de elección de participantes en los cursos. Además, la introducción de plataformas *e-learning* permite el acceso a cursos de muchos profesionales dispersos en la geografía mundial a un coste bastante reducido. Garantizamos de este modo uniformidad en la formación, mayor acceso y a un coste menor. La tecnología ha ampliado las posibilidades de formación dentro de la empresa.

— *Movilidad, Rotación, Sucesión y selección de altos potenciales.* Se registran en el Gestor de *Desarrollo* las peticiones de movilidad y rotación para que sean gestionadas por las unidades de servicio de recursos humanos correspondientes. Las personas que tienen que buscar nuevos puestos disponen de gran cantidad de información en el sistema, lo que facilita esta búsqueda y su correcta asignación.

De este modo, para favorecer el Desarrollo Profesional y de Competencias, en Repsol YPF se se apoya en sus sistemas integrados.

4. Compensar a los empleados de manera atractiva y competitiva

Hablar de una gestión integrada de recursos humanos no es únicamente hablar de desarrollo profesional y competencias. También requiere que la compensación esté alineada con el resto de actividades y políticas de gestión de recursos humanos. Y esto se consigue a través de la vinculación entre las evaluaciones de desempeño, el establecimiento y revisión de los objetivos anuales y los procesos de compensación

Repsol YPF sitúa a las personas en la mediana de la compensación total (fija más variable) de un mercado formado por compañías líderes, preferentemente del ámbito energético, para lo cual realiza encuestas regulares que reflejan su competitividad en cada uno de los países en los que opera. Dicha medición permite al Grupo llevar a cabo un estudio de equidad interna, para asegurar salarios equitativos en todos sus ámbitos de operación.

El paquete de compensación anual está formado por una parte fija y otra variable:

— La *compensación fija* está determinada por el grado de contribución que las personas acusan ***dentro*** la estructura organizativa de RepsolYPF y que varía a partir de las promociones (producto de su desarrollo). Está relacionada con su posición en la organización, sus funciones y responsabilidades.

— Por su parte, la *compensación variable* está relacionada con el logro de objetivos corporativos e individuales y de equipo, así como también por el nivel de desempeño que las personas alcanzan durante un ejercicio.

Evaluación del desempeño

Anualmente se realiza una revisión del desempeño de las personas, coincidiendo con el inicio del año. De este modo, las personas tienen un *input* adicional para la elaboración de sus planes de desarrollo, además de disponer de información muy útil para realizar las asignaciones de promociones y subidas salariales. Así, todos los sistemas se encuentran entrelazados.

Objetivos anuales

Asimismo, anualmente también, se realiza la asignación de objetivos individuales que se revisan a mediados y finales de año. Estos objetivos, además de determinar el variable, son una fuente importante de información para la detección de necesidades de formación o movilidad o rotación. El compromiso con determinados proyectos en los objetivos individuales puede requerir alguna de estas acciones.

5. Administrar eficientemente los RR.HH.

En este epígrafe se encuentran recogidas todas las actividades administrativas de gestión de recursos humanos. Eficiencia supone agilidad, consistencia, bajo coste y transparencia. En Repsol YPF existen dos instrumentos clave para realizar esto:

— La *nómina electrónica*: que facilita y evita gran cantidad de tareas con el correspondiente ahorro de costes.

— La *ficha de empleado*, donde cada empleado puede consultar toda su información en el ámbito de recursos humanos: posición, salario, promociones, evaluación de competencias, formación, puesto tipo,...

Estos instrumentos se gestionan principalmente desde el *módulo* de:

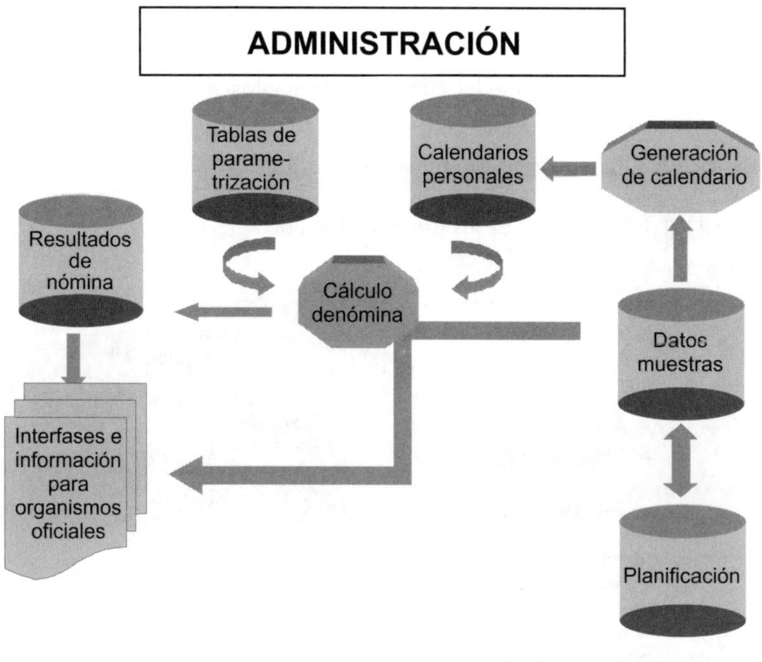

Con esto hemos realizado un repaso por todos nuestros sistemas de gestión de recursos humanos a través de los 5 factores críticos de éxito identificados para la función de Recursos Humanos. Sin embargo, la utilización coordinada e integrada de estos elementos y sistemas en Repsol YPF es una realidad gracias a la generalización del uso de los *Planes Anuales de Recursos Humanos*.

Cada negocio es responsable, con el apoyo personalizado de su Business Partner de RR.HH. de planificar para el año todas las acciones de gestión de recursos humanos que se realizarán en su área, configurándose un Plan Anual de RR.HH.

Este plan, recogido también en nuestros sistemas de información, está integrado a su vez por diversos planes: formación, comunicación, movilidad, retribución, organización,...

La gestión centralizada de todos estos planes, así como su registro en los sistemas, permite disponer de una «foto global» de la situación de la gestión de los recursos humanos en cada negocio y facilita tanto la toma de decisiones como la gestión y seguimiento de todas las acciones que se lleven a cabo en el negocio. De este modo, los sistemas aportan lo necesario para una óptima gestión integrada.

En resumen, podemos decir que los sistemas de información de Repsol YPF están integrados en dos sentidos:

1. Desde el punto de vista del empleado: todos los accesos se realizan desde el Portal del Empleado en la Intranet de la compañía y a través de ella se accede a los diversos módulos y se gestiona los datos.

2. Desde el punto de vista de los sistemas de soporte: todo se encuentra en SAP.

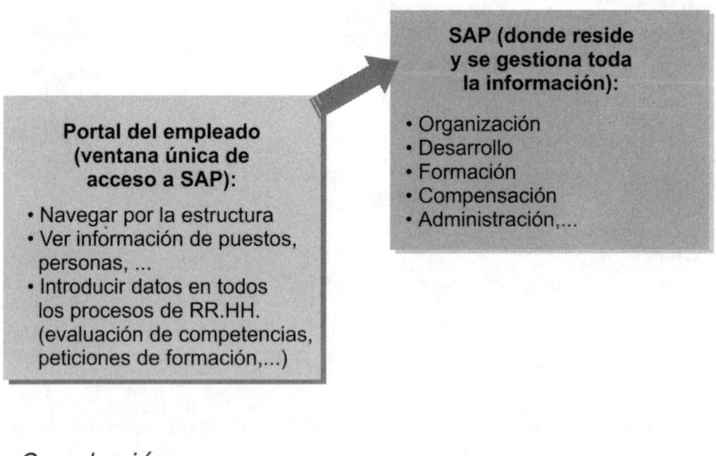

3.3. Conclusión

Sin un nivel elevado de integración entre todos los sistemas de información que utilizamos para gestionar nuestros equipos humanos sería imposible responder en tiempo y calidad a los retos actuales y futuros que marcan el mercado y el negocio.

Todavía queda mucho por avanzar en la gestión de recursos humanos en todas las empresas hasta llegar a disponer de procesos tan eficientes como los productivos o que manejan y aprovechan tantas variables como los de marketing.

La integración es el camino para poder introducir conceptos tan necesarios como el *on-demand*. Integrar es el primer paso para ser capaces de innovar y ser lideres en la gestión de recursos humanos. Y ésta es la meta del área de Recursos Humanos para lograr que los empleados sean la principal ventaja competitiva de la compañía.

4. La tecnología como vehículo de integración de cultura empresarial

Nuestra compañía es un grupo empresarial diversificado que ha experimentado un rápido y gran crecimiento en un breve espacio de tiempo, hecho que se ha producido principalmente por la vía de adquisición de otras sociedades, tanto a nivel nacional como internacional.

Como consecuencia de esta situación, se hace necesaria la existencia de una *Dirección Corporativa de Recursos Humanos* que haga frente a las necesidades de integración y cohesión de una nueva configuración empresarial.

Para alcanzar sus objetivos primordiales, esta Dirección Corporativa se tiene que valer de la tecnología como principal vehículo de integración, cohesión y transmisión de la cultura empresarial.

4.1. La empresa

Compañía de origen familiar, fundada en 1952 como constructora, Grupo Ferrovial es en estos momentos uno de los grupos constructores líderes en Europa, tanto por rentabilidad como por capitalización bursátil.

Nuestra estrategia ha estado fuertemente orientada en los últimos años al *crecimiento, la diversificación, y la expansión geográfica*, configurando en un corto espacio de tiempo una realidad empresarial totalmente nueva:

Crecimiento

En los últimos años la compañía ha estado creciendo a buen ritmo, ya sea mediante crecimiento orgánico, vía adquisiciones, diversificando nuestra actividad y/o acudiendo a mercados internacionales.

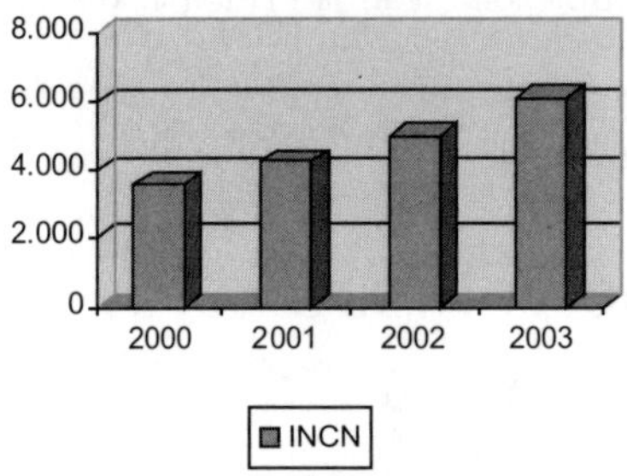

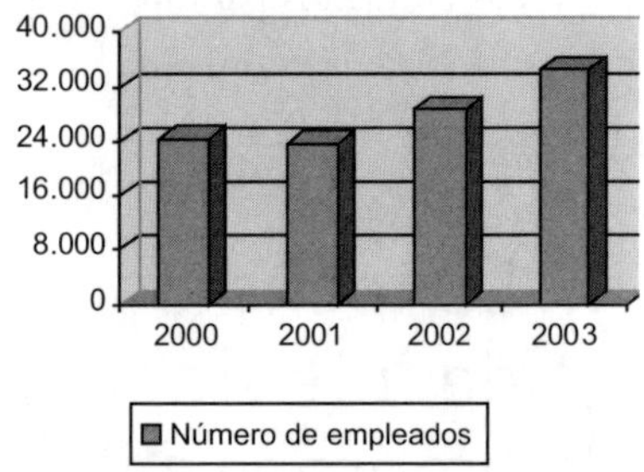

Datos en millones de euros.

Diversificación

Nuestro Grupo es en estos momentos una empresa perfectamente equilibrada que, manteniendo con un papel relevante su actividad original, ha sabido diversificarse hacia actividades complementarias y afines tales como servicios, promoción inmobiliaria y concesiones de infraestructuras. De esta forma, se consigue un adecuado equilibrio entre actividades que operan en mercados cíclicos (construcción y promoción inmobiliaria) y los que son negocios de carácter recurrente (servicios y concesiones de infraestructuras).

Datos de la Memoria, 2003.

Internacionalización

Nuestros ingresos por la actividad internacional han pasado de ser el 5 por ciento en 1997 al 33 por ciento en 2003. Actualmente desarrollamos nuestra actividad de manera estable en más de una docena de países, destacando nuestra presencia en Europa (Polonia, Reino Unido, Irlanda, Portugal e Italia), Canadá, Australia y Latinoamérica (principalmente en Chile).

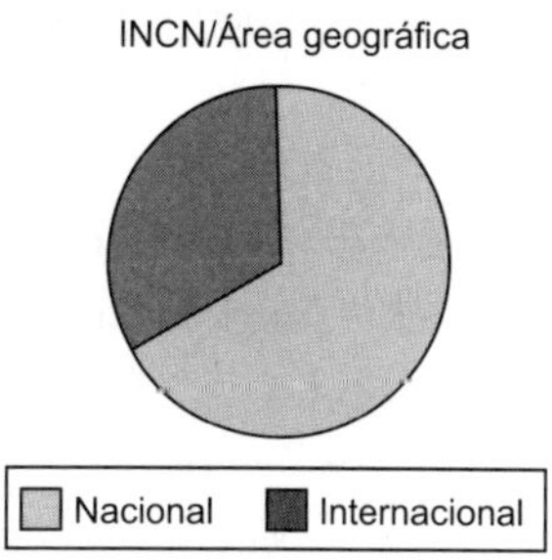

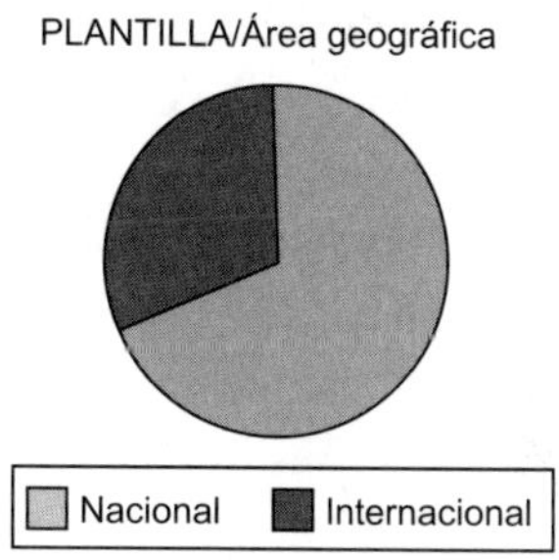

Datos de la Memoria, 2003.

4.2. Una Nueva Dirección de Recursos Humanos

El crecimiento de nuestra compañía bajo los parámetros anteriormente citados obliga a generar nuevas fórmulas de organización del trabajo: la compañía se desagrega, al igual que las personas y con ellas el conocimiento; se diluye el poder anteriormente centralizado y se expande la capacidad para la toma de decisiones dentro de la organización.

Desde Recursos Humanos se hace necesaria una nueva organización que haga efectiva esta evolución y que facilite la cohesión. Para ello nos centramos en la tecnología como uno de los principales vehículos de integración cultural.

La organización de Recursos Humanos ha evolucionado notablemente en un corto periodo de tiempo. La estrategia de nuestra compañía ha marcado claramente la nueva estructura, definiendo nuestra organización y las competencias clave necesarias. Esta configuración ha pasado por varias etapas:

Fase I

Un primer momento en el que la diversificación de actividades y la internacionalización son aspectos incipientes en nuestra compañía. Existe una única Dirección de Recursos Humanos con una fuerte orientación funcional, donde se da soporte por igual a las distintas actividades.

Fase II

Con motivo de la evolución de nuestros negocios, parte de ellos configura su propia Dirección de Recursos Humanos. Mientras tanto, el resto de negocios se gestiona mediante una incipiente Dirección Corporativa de Recursos Humanos.

En este momento, el modelo de gestión de la Dirección Corporativa ya ha avanzado, pasándose de un modelo básico y puramente funcional a un modelo mixto, que incluye una estructura orientada a clientes.

Fase III

Se constituye una Dirección General, y se favorece la aparición de Direcciones en todas las áreas de negocio de la compañía.

Hablamos ya de un modelo de gestión de Recursos Humanos más propio de un Grupo Multinacional, en el que se da el protagonismo necesario a las empresas/países, facilitando la aparición de departamentos propios en estos ámbitos.

Funcionalmente y a nivel corporativo, se orienta, se marcan criterios, y se coordinan y desarrollan programas de ámbito global. Posteriormente, el soporte al cliente final es desempeñado por las áreas de recursos humanos de los negocios, que siguen directrices del Director General de Recursos Humanos pero reportan jerárquicamente al Director General del negocio.

Estructura actual

Mediante un adecuado equilibrio, siguiendo el aforismo latino de *in medio stat virtus (la virtud está en medio)*, nos aprovechamos de las principales ventajas que pueden otorgar distintas formas de gestión de recursos humanos (centralización/descentralización); sobre todo en organizaciones complejas que poseen actividad en diferentes países y en distintos negocios y que tienen altos índices de crecimiento.

Si bien inicialmente el modelo de recursos humanos que se adoptaba en las nuevas divisiones era el corporativo (modelo de la Dirección de Recursos Humanos existente en la mencionada Fase I) rápidamente, tanto las necesidades de los negocios como nuestra fuerte orientación a resultados hicieron que se evolucionara hacia modelos de gestión de recursos humanos mixtos (ámbitos de gestión homogéneos conviven con otros más adaptados a las características particulares de cada negocio).

Mantener independencia y capacidad de gestión por parte de los negocios nos permite una rápida adaptación a los cambios que se originan en sus mercados y en sus organizaciones como consecuencia de la evolución de su estrategia particular.

Por otro lado, mantener unas políticas corporativas de recursos humanos que *tracen las líneas que conforman el terreno de juego común* permite aprovechar sinergias dentro del grupo. Así, ayuda a reducir costes, se comparten «Best Practices», se fomenta el flujo de Talento Directivo entre las distintas divisiones, se favorece la innovación, el aprendizaje, y resulta de vital importancia para alcanzar los objetivos estratégicos mediante la concentración de esfuerzos para conseguir las competencias comunes necesarias.

De esta manera se centraliza la toma de decisiones en ámbitos que afectan a la estrategia, al largo plazo y al uso de los recursos esenciales de la empresa, buscando en ellas el equilibrio, la homogeneidad y la existencia de prácticas comunes.

En esta línea, la Dirección Corporativa de Recursos Humanos en Grupo Ferrovial centra sus esfuerzos en:

1. Fomentar y generar *Cultura* y *Valores Compartidos*.

2. Liderar y favorecer la *Gestión del Cambio* dentro de la Organización.

3. Identificar, gestionar y desarrollar el *Talento Directivo*.

4. Facilitar la *Innovación*, el *Aprendizaje* y la *Gestión del Conocimiento*.

5. Asesorar y llevar a cabo labores de Medición y Control, asegurando la *Viabilidad del Negocio*.

6. Vincular la *Estrategia de Recursos Humanos* con la *Estrategia del Negocio*.

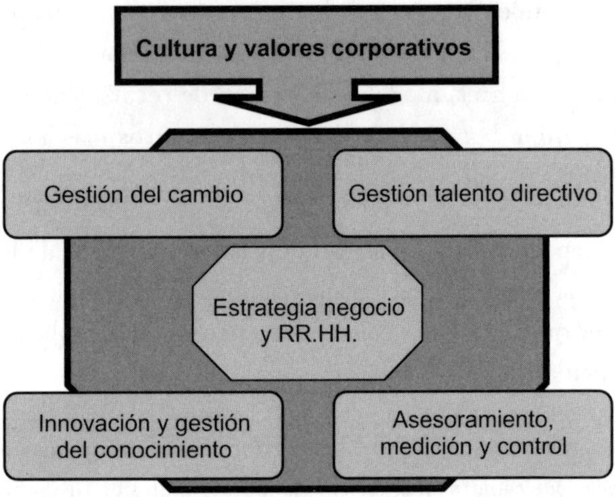

4.3. La cultura empresarial

> *En un mundo tan cambiante es difícil mantener conceptos permanentes y, sin embargo, parece ser aún más necesario tener anclajes profundos que den coherencia a toda la organización.*
>
> (Pin y Quintanilla, 2000).

Así, el primer objetivo de la Dirección Corporativa de Recursos Humanos, y es el primero necesariamente, consiste en *Fomentar y Generar Cultura y Valores Compartidos* en todos los integrantes de la organización.

Existen muchas definiciones para transmitir en qué consiste la Cultura Corporativa. Para empezar podríamos quedarnos con la siguiente:

> *Sistema de valores y símbolos de la organización más o menos compartido, históricamente determinado y determinante, relacionado con el entorno.*
>
> (Garmendia, 1994)

Generar una sólida cultura empresarial y transmitirla es disponer de un activo intangible de alto valor, que afecta a la satisfacción de los empleados y a la forma en la que se hacen las cosas en la organización; es decir, afecta a los comportamientos, a la toma de decisiones y, como consecuencia, a la cuenta de resultados de la compañía.

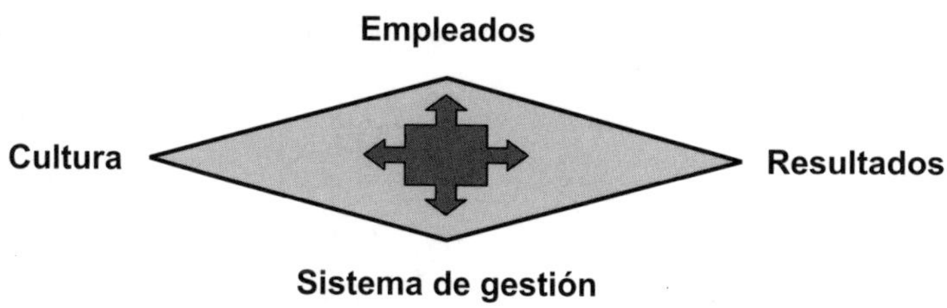

Como hemos visto, la cultura corporativa viene determinada en parte por aspectos relativos al entorno y por aspectos históricos, como pueden ser la personalidad del fundador o del equipo directivo; y va a aparecer reflejada y, por lo tanto, también ha de ser fomentada a través de la *Comunicación (Interna y Externa)* y mediante los *Procedimientos y Sistemas de Gestión*.

> *Los valores de una organización deben plasmarse no sólo en la definición de la misión, sino también en la forma espontánea de trabajar de sus directivos al dirigir y de sus empleados al colaborar entre ellos.*
>
> (Cáliz, Quintanilla, Pin, 2001).

4.4. La Tecnología y la Integración de la Cultura Empresarial

Hemos visto la relevancia de generar y/o transmitir adecuadamente una Cultura y unos Valores compartidos, y hemos identificado aquellos ámbitos que resultan críticos en este proceso: la ***Comunicación (Interna y Externa)*** y los ***Procedimientos y Sistemas de Gestión***.

Si bien los recursos tecnológicos que han hecho posible trabajar en la consecución de nuestro objetivo se entrelazan permanentemente, podemos dividirlos fundamentalmente en dos grupos:

Comunicación

Hablamos de aquellos recursos que la tecnología nos ha proporcionado para fomentar una cultura homogénea a lo largo y ancho de nuestra organización, sin ceder ante barreras funcionales ni geográficas. Estos recursos facilitan el acercamiento a las personas y al bien más demandado y disperso: el conocimiento; y transmiten cultura, valores, normas y procedimientos de actuación.

Estos recursos giran principalmente en torno a dos ejes: Intranet y web externa.

Intranet

Internamente conocida como Ferronet, es uno de los primeros recursos que se ponen a disposición de los empleados de empresas recién adquiridas. En fechas recientes se ha creado un comité compuesto por personas de todas las áreas de negocio, que vela por su adecuada evolución. Se ha regenerado por completo y se han abierto nuevos canales específicos para cada uno de los negocios.

Dispone de gran cantidad de recursos y *proporciona información* variada, interna y externa de manera estática. Su utilización, en algunos casos, desencadena procesos administrativos dentro de la compañía (nota de gastos, solicitud de vacaciones, etc.).

Ferronet está *personalizada*, con accesos adecuados a la función y/o rol desempeñado dentro de la organización y con funcionalidades *interactivas*.

Dentro de nuestra Intranet y por su fuerte papel en la transmisión de la cultura empresarial, merece la pena destacar el Portal del Empleado:

Empleado.Net

Reúne una serie de recursos que potencian el uso de la Intranet y su papel de generador de cultura y de sentido de pertenencia, bien preciado en una empresa como la nuestra que se expande a pasos agigantados. Facilita la comunicación de la empresa con el empleado y viceversa, favorece la formación, el desarrollo y la transmisión de los procedimientos internos y potencia la relación entre empleados, buscando la aparición del concepto de *comunidad* heredado de Internet:

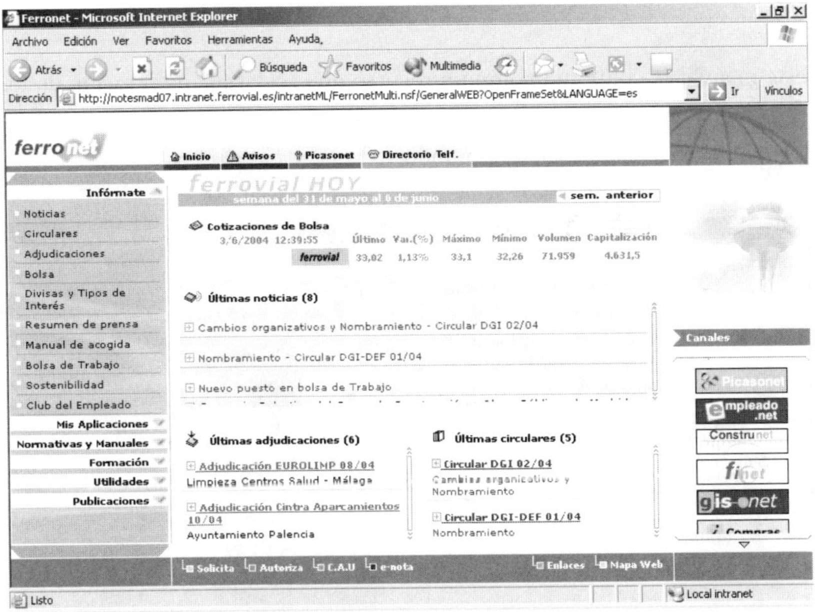

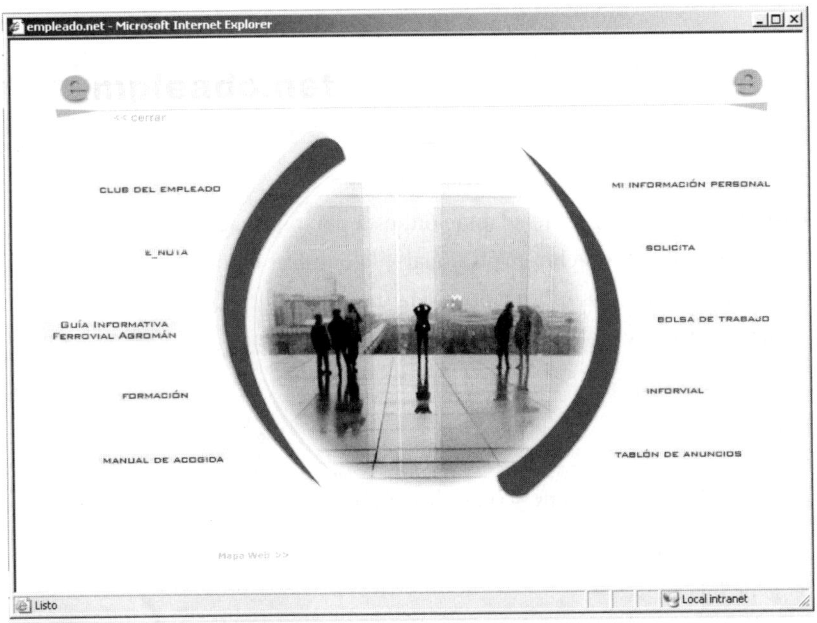

Dentro de los apartados existentes en *Empleado.net*, merece especialmente la pena destacar los que se exponen en los siguientes puntos:

Manual de acogida

Este manual se configura como un recurso que acelera la integración de los empleados en la compañía y asegura una distribución homogénea de los valores de la compañía a todo el mundo.

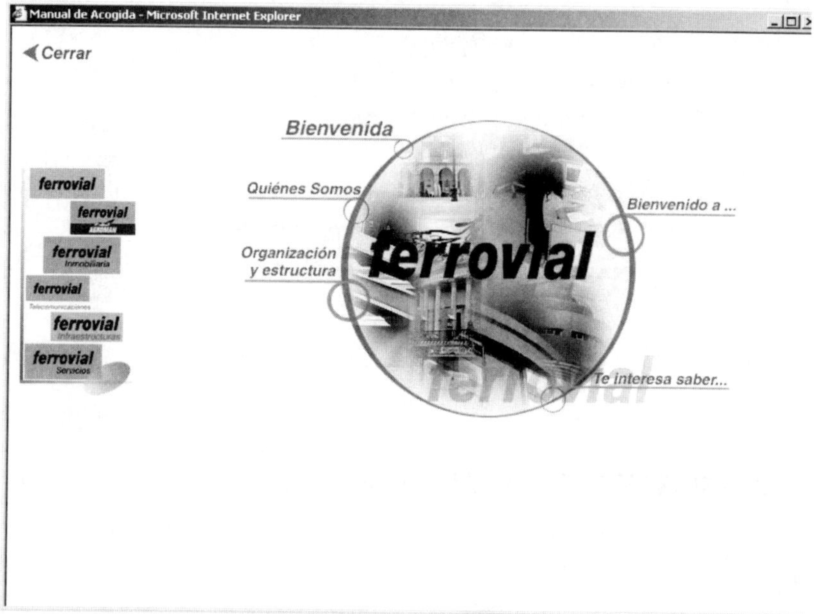

Disminuye los tiempos de adaptación, está personalizado y favorece el equilibrio entre la integración profesional y la cultural de las nuevas incorporaciones. Al mismo tiempo proporciona una serie de recursos que favorecen su uso recurrente una vez incorporado a la compañía.

Inforvial

Es la tradicional revista de Comunicación Interna en formato electrónico.

Bolsa de Trabajo

Espacio reservado para la publicación de vacantes dentro de la compañía. Un empleado puede aspirar a otra posición, en otro país y en otra área de negocio distinta a la actual, pero siempre dentro de Grupo Ferrovial.

Formación

Este apartado reúne diversos recursos formativos e informativos con soporte tecnológico, que facilitan la transmisión, el conocimiento, los procedimientos y los Sistemas de Gestión.

Club del empleado

Su vocación es la de aportar una serie de beneficios de diversa índole, que facilitan la vida personal del empleado y que son accesibles para todos aquellos que trabajan en la compañía, así como para sus familiares. Supone un excelente sistema que une e iguala a todas las personas que trabajan en Grupo Ferrovial, sirviendo de acicate para fomentar el compromiso y el sentido de pertenencia.

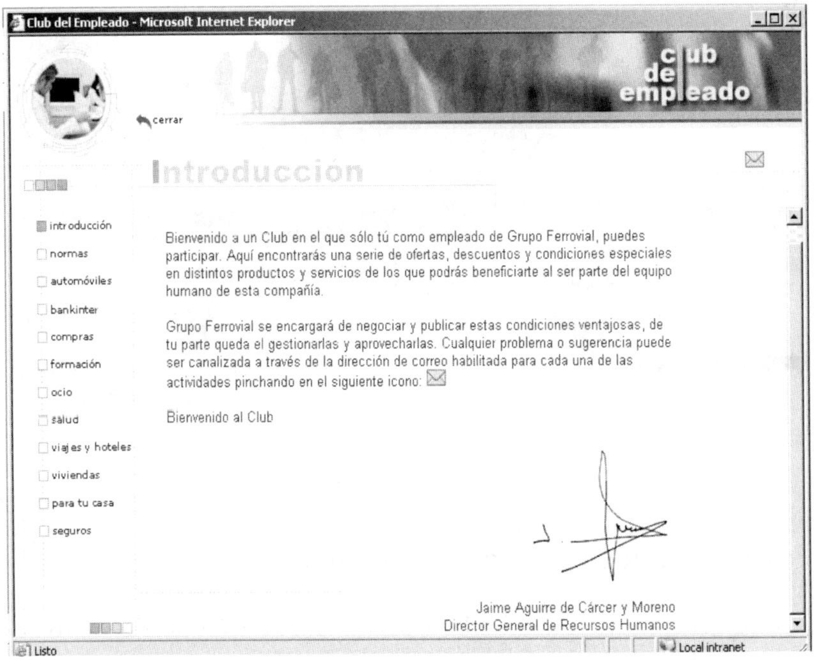

Página web

En la web de Ferrovial encontramos un valor enorme desde recursos humanos, principalmente por su capacidad y potencial para atraer talento y generar marca como empleadores.

Constituye un excelente escaparate donde poder reflejar nuestra cultura y valores corporativos, y nos sirve de punto de encuentro entre los distintos departamentos de recursos humanos que existen en la organización, a través de la coordinación de los actos públicos para el reclutamiento y la publicación de todas las ofertas de empleo de la compañía.

La página web (www.ferrovial.es) es muy completa, transmite muy bien quiénes somos y sirve de referencia para aquellas personas que por cualquier motivo no tienen acceso a la Intranet corporativa.

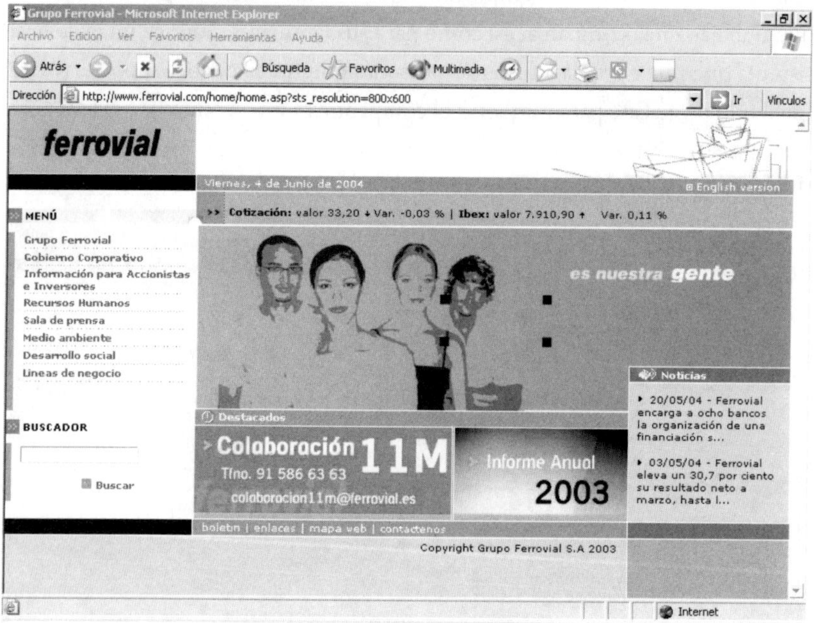

Procedimientos y Sistemas de Gestión

Hasta este momento hemos hablado de la transmisión de valores vía comunicación; ahora lo hacemos vía herramientas, sistemas y aplicaciones que permiten la gestión global y homogénea en toda la empresa de los principales procesos de negocio. Estamos hablando de ERP's o desarrollos propios que permiten una integración y alineación con la estrategia de la compañía.

En todos los departamentos y unidades de la empresa se comparte información y recursos y se trabaja de un mismo modo en línea con la estrategia y valores de la compañía para alcanzar resultados. Se integran únicamente aquellos procesos que generan valor; en el ámbito de recursos humanos, esta integración se ha llevado a cabo mediante la implantación de un ERP sólo para el área de *Desarrollo de Recursos Humanos*.

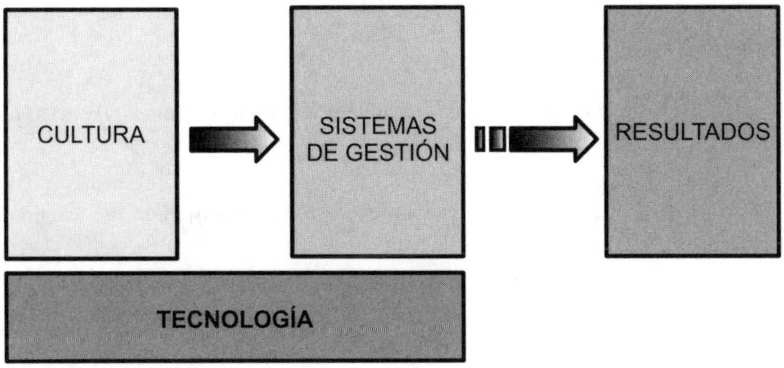

En nuestros días, la nueva realidad social y empresarial necesita la tecnología como soporte que transmite y sustenta la cultura de la empresa, la comunica y posibilita su aplicación en los procesos de negocio, convirtiéndose en el verdadero socio estratégico que permite hacer funcionar la cuenta de resultados.

4.5. Bibliografía

AGRAWAL, V.; MANYIKA, J. M. y RICHARDS, J. E. (2001): «Matching People and Jobs», *The Mckinsey Quaterly*, 2, Organization.

BONACHE, J. y QUINTANILLA, J. (2002): *Dirección Estratégica de Personas*, Prentice Hall, Madrid.

CÁLIZ, C.; QUINTANILLA, J. y PIN, J. R. (2001): «Influencia de la nueva economía en la dirección de personas», documento de investigación, 440, IESE, Barcelona.

FLAMHOLTZ, E. (2002): «La cultura empresarial y la cuenta de resultados», *Harvard Deusto Business Review*, 107, 62-69.

GARMENDIA, J. A. (1994): *Tres Culturas: Organización y Recursos Humanos*, ESIC, Madrid.

HOMS, C. (2002): «Tecnología, personas e imperativos concretos», *Factor RH*, 4, 14-15.

HURTADO, N. y HERRERO, J. (2001): «La importancia de la cultura de empresa en la atracción, desarrollo y retención del talento», *Capital Humano*, 148, 22-26.

PIN, J. R. y QUINTANILLA, J. (2000): «E-people management en la nueva economía: la dirección de personas en los nuevos negocios de la red», *Revista del Centro de Estudios Financieros*, agosto-septiembre, 209-210.

PUCHOL, L. (1993): *Dirección y Gestión de Recursos Humanos*, ESIC, Madrid.

SILVER, y CHRISTY, A. (2001): «La tecnología y la gestión del conocimiento», *Harvard Deusto Business Review*, 103, 52-59.

SIMÓN, C. (2002): «Tecnologías de la información y recursos humanos», *Dirección Estratégica de Personas*, Prentice Hall, Madrid.

VAQUERIZAS RIVAS, A. (2001): «Internet y la revolución en los modelos de acogida de nuevos empleados», *Capital Humano*, 145, 43-50.

5. Herramientas para la gestión del conocimiento

La Gestión del Conocimiento se puede definir como «El conjunto de procesos y sistemas que permiten que el Capital Intelectual de una organización aumente de forma significativa, mediante la gestión de sus capacidades de resolución de problemas de forma eficiente (en el menor espacio de tiempo posible), con el objeto final de generar ventajas competitivas sostenibles en el tiempo».

El Capital Intelectual lo podemos definir como el conjunto de Activos Intangibles de una organización que, pese a no estar reflejados en los estados contables tradicionales, en la actualidad genera valor o tiene potencial de generarlo en el futuro.

Los conocimientos de las personas clave de la empresa, la satisfacción de los empleados, la experiencia de la empresa, la satisfacción de los clientes, etc., son activos que explican buena parte de la valoración que el mercado concede a una organización y que, sin embargo, no son recogidos en el valor contable de la misma.

Conviene precisar qué se entiende por Sociedad del Conocimiento y comprender la diferencia entre dato, información y conocimiento, así como analizar de qué manera se puede gestionar el conocimiento a través de la Gestión del Conocimiento y cómo la utilización de técnicas y herramientas pueden ayudar en esta gestión.

Actualmente, el navegador, el correo electrónico, el procesador de textos y el teléfono son herramientas de trabajo de utilización normal. Estamos en la Sociedad de la Información. En la organizaciones se dispone de una gran cantidad de datos y muchas veces el problema está más en conocer dónde está la información, cómo hacer un proceso o cuál es la satisfacción de un cliente que en obtener un informe de gestión para resolver un problema.

Como consecuencia del aumento de información y la necesidad de diferenciar la necesaria para nuestro interés, surge en los últimos años un nuevo paradigma de realidad social: la *Sociedad del Conocimiento.* Como todo paradigma, es lo suficientemente nuevo para no tener muchas experiencias prácticas y es lo suficientemente abierto como para permitir incorporar nuevos conceptos e implicaciones. La utilización de las TICs en la Administración Pública afecta a la esfera *política* en la regulación del nuevo espacio sociotécnico o la lucha contra la *fractura digital* entre otras. También está marcando la *economía* actual a través de los procesos de globalización económica y del capital internacional, la deslocalización industrial, nuevas formas de producción o nuevos modelos de organización empresarial, llegando a una llamada *economía del conocimiento*.

Un dato es un conjunto discreto de factores objetivos sobre un hecho real. Pero un dato no dice nada sobre el porqué de las cosas y, de manera aislada, suele aportar información parcial.

Las organizaciones actuales normalmente almacenan datos mediante el uso de tecnologías. Desde un punto de vista cuantitativo, las empresas evalúan la gestión de los datos en términos de coste, velocidad y capacidad.

Todas las organizaciones necesitan datos y algunos sectores son totalmente dependientes de ellos. Bancos, compañías de seguros, Administración del Estado y la propia Seguridad Social son ejemplos obvios. En este tipo de organizaciones la buena gestión de los datos es esencial para su funcionamiento, ya que operan con millones de transacciones diarias.

Los datos son importantes para las organizaciones, ya que son la base para la creación de información.

El término «informar» significa originalmente «dar forma a». Por este motivo, se puede describir el concepto *información* como un mensaje escrito, oral o visible que dirige un emisor a un receptor con la intención de impactar sobre sus juicios de valor y su comportamiento. Este último decide si el mensaje que le llega es información para él. En general, podemos decir que información es todo aquello que aporta conocimiento.

A diferencia de los datos, la información tiene significado y está organizada para algún fin concreto. Transformamos datos en información añadiéndoles valor. Hay varios métodos: contextualizando, sabemos para qué propósito se generaron los datos. Categorizando, conocemos las unidades de análisis de los componentes principales de los datos. Calculando, los datos pueden haber sido analizados matemática o estadísticamente. Corrigiendo, los errores se han eliminado de los datos. condensando, los datos se han podido resumir de forma más concisa.

Los ordenadores nos pueden ayudar a añadir valor y transformar datos en información, pero es muy difícil que nos puedan ayudar a analizar el contexto de dicha información. Que actualmente tengamos acceso a más tecnologías de la información no implica que hayamos mejorado nuestro nivel de información.

Según Davenport y Prusak (1999) el conocimiento es una mezcla de experiencia, valores, información y «saber hacer» que sirve como marco para la incorporación de nuevas experiencias e información, y es útil para la acción, en las organizaciones, con frecuencia, el conocimiento no sólo se encuentra dentro de documentos o almacenes de datos, sino que también está en rutinas organizativas, procesos, prácticas y normas.

El conocimiento se deriva de la información, así como la información se deriva de los datos.

Las actividades de creación de conocimiento tienen lugar dentro y entre personas. Al igual que encontramos datos en registros, e información en mensajes, obtenemos conocimiento de individuos, grupos de conocimiento, o incluso en rutinas organizativas.

Gestionar el conocimiento de la organización, una vez descrita la diferencia entre lo que es conocimiento y lo que no lo es, permitirá obtener grandes ventajas competitivas.

Para ello es necesario poner en marcha, desarrollar y mantener una serie de estrategias, así como apoyarse en una serie de técnicas y herramientas. Potenciar los recursos de información que genera cada organización, analizar sus flujos, gestionarlos de una manera eficaz se ha convertido en una necesidad forzosa. Todo este conjunto es lo que se denomina *Gestión del Conocimiento*.

Para gestionar el conocimiento, primero hay que entender cómo se genera y cuáles son las etapas «vitales» dentro de una organización:

El proceso de *captura* ayuda a incorporar la información que se ha adquirido de otras fuentes, tanto electrónicas como no electrónicas. Se captura la información a partir de la experiencia humana y de las bases de conocimiento existentes. Se trata de colectar e importar la información.

Todo lo que alimente el almacén del conocimiento se debe añadir a la estructura. Este proceso implica una *organización*, una validación y verificación del conocimiento. Se deben especificar los conceptos interesantes y útiles para la empresa alrededor de los cuales se debe clasificar o categorizar la información. Se deben establecer las relaciones entre los objetos del conocimiento definidos de acuerdo con el mapa del conocimiento categorizando la información y relacionando ideas e informaciones, que luego es posible recuperar en cascada.

A través de un simple interfaz, *buscar y encontrar* información debe ser una tarea fácil. Recuperada la información, el usuario puede producir conocimiento y transmitirlo a los demás.

Una vez que se ha obtenido el conocimiento, éste puede ser almacenado y publicado para ser reutilizado por otros. Si el resultado es electrónico, puede reutilizarse su contenido en otros proyectos.

Con el *reparto* de conocimiento e inteligencia a los usuarios, se cierra el ciclo de la adquisición, búsqueda y publicación. Los usuarios pueden suscribirse o acceder a la «inteligencia publicada» a través de correo.

Después de ver los aspectos teóricos de la Gestión del Conocimiento, es necesario ver la aplicación práctica de este concepto y cómo se ha realizado.

Como ejemplo, veamos cómo es la gestión actual de la Seguridad Social española y cómo utilizando la Gestión del Conocimiento, a través del proyecto Pros@, se puede mejorar esta gestión.

La gestión de esta Organización está basada en transacciones independientes que llaman a diferentes aplicativos cuyo fin es resolver objetivos concretos. La consecución de estos objetivos implica la ejecución de un número determinado de transacciones no conectadas entre sí.

Además, la consecución de dichos objetivos lleva generalmente implícita una serie de actuaciones manuales no reflejadas en el proceso informático, así como «paradas» en el procedimiento para obtener información de fuentes externas.

Por último, queda señalar que la ejecución de dichos aplicativos depende, en la mayoría de los casos, del origen de los datos: transacciones o ficheros que desencadenan distintos procesos para conseguir el mismo resultado.

Esta situación es provocada por el hecho de que no existe nada que relacione las funciones y las tareas a realizar para la consecución de un objetivo determinado.

En el esquema actual de trabajo, el conocimiento de los pasos a seguir radica en el funcionario responsable, por lo que la ausencia de éste puede provocar retrasos en la tramitación. Con el nuevo modelo y mediante la *Automatización del flujo de trabajo* el sistema refleja los pasos a seguir para completar un trámite junto a los posibles caminos alternativos.

Al no existir actualmente un proceso automático para realizar los trámites de gestión, se pueden saltar procedimientos y se hace difícil poder controlar aquellas operaciones que no utilizan soporte informático. Dentro del nuevo modelo se integran tanto las operaciones automáticas sustentadas por programas, como las operaciones que no emplean soporte informático, además de la utilización de paquetes ofimáticos.

En los modelos basados únicamente en la información, no en el conocimiento, puede ocurrir que una información no le llegue a la persona adecuada. Al integrarse el modelo jerárquico de la organización y el sistema, éste envía la información a la persona o departamento adecuado en cada momento.

Con el modelo de gestión en uso, un procedimiento puede variar dependiendo del origen de los datos, es posible solicitar distinta información al ciudadano para un mismo trámite o se puede rellenar incorrectamente un expediente. En el nuevo modelo, se comparte el conocimiento del trámite, por lo que éste siempre se ejecuta de igual modo, independientemente de la fuente, con lo que se garantiza que el resultado es siempre el mismo, ya que los procesos son uniformes.

En la siguiente figura se muestra un diagrama donde se representan las distintas actividades que componen una tarea. Este diagrama permite que el usuario visualice las distintas alternativas que se deben tener en cuenta, posibilizando así tener el conocimiento necesario para realizar la tarea y, de forma gráfica, saber qué entradas y salidas se deben considerar, así como qué pasos dar.

Pros@: Herramienta de definición de flujos

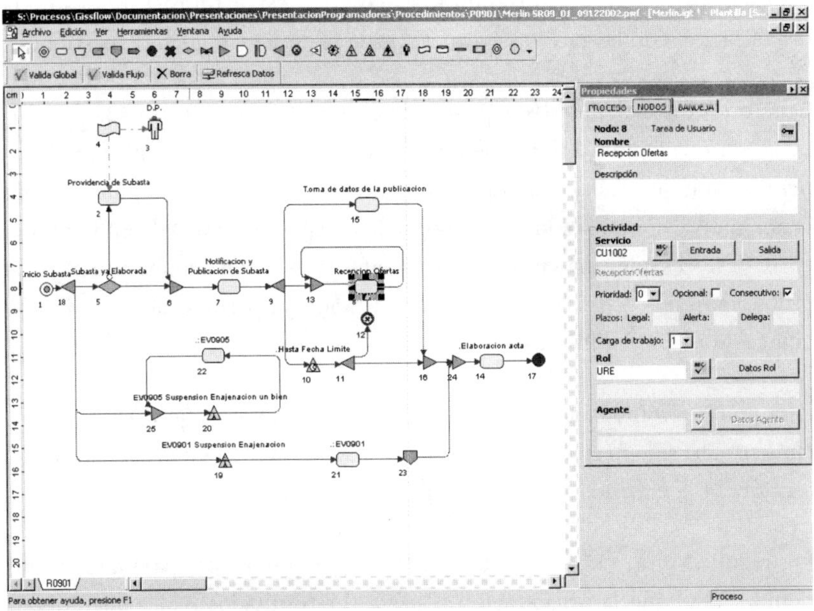

En la situación actual, las distintas fases de un trámite se realizan de manera individual, por lo que es difícil conocer en qué fase está, qué persona lo lleva, cuánto se tarda en su tramitación o cuántos se tramitan. Aplicando las técnicas de gestión del conocimiento que incorpora Pros@ es posible resolver este problema, con lo que se logra un control total del proceso mediante un conocimiento completo de los expedientes, pudiendo de esta manera conocer el tiempo empleado en cada uno, los posibles retrasos, etc.

Para mejorar esta situación y lograr tener una gestión realizada según estas técnicas de gestión del conocimiento, se ha pasado de un sistema basado en transacciones a otro basado en los procedimientos que se realizan en la gestión, que permite automatizar los flujos de información y de tareas y compartir su conocimiento entre todas las personas implicadas en él.

Para alcanzar esta solución, es necesario tener una librería de procedimientos que recoja todos los trámites utilizados por la gestión. Este sistema también se aplica a todos los procedimientos puramente administrativos que no necesitan soporte informático alguno, salvo conexiones con paquetes ofimáticos.

A fin de obtener esta librería, se ha necesitado registrar el conocimiento que los usuarios tienen de los trámites, así como la estructura jerárquica de la organización con las tareas asignadas a cada persona y unidad de gestión.

Con todos estos elementos se producen unos claros beneficios en la gestión, tales como la mejora a partir de un mayor conocimiento de la misma, la generalización del trabajo, asegurar el completo y correcto cumplimiento de la normativa vigente, reducir el tiempo de recepción o envío de información entre gestores que participan en las distintas fases de un trámite y facilitar la reubicación de recursos humanos minimizando su periodo de formación y la incorporación de los mismos.

Para poder afrontar con éxito la aplicación integral de la gestión del conocimiento, ha sido necesaria una cuestión fundamental: mentalizar a la alta dirección en la necesidad de implantar la herramienta.

Los resultados no van a llegar de inmediato y seguramente pasará un cierto tiempo hasta que la organización consiga ver resultados reales que contribuyan a mejorar su eficiencia. Por este motivo, ha sido necesario que la alta dirección estuviera firmemente convencida de que con una buena gestión del conocimiento acabará mejorando su cadena de valor y, en suma, se alcanzará una mayor ventaja competitiva.

Hay que tener muy claro que los conocimientos que se vayan acumulando en un sistema creado a este fin provienen en gran medida de los trabajadores de la organización. Su colaboración en la creación de un entramado complejo y cada vez más amplio de informaciones y conocimientos sólo se consigue mediante una profunda mentalización de aquellos que tienen que aportar los conocimientos. Además, esta mentalización no debe ir sólo en la línea de que aporten conocimientos, sino en la de utilizarlos y compartirlos, lo cual es aún más importante.

Un buen sistema de gestión debe establecer métodos para determinar dinámicamente las necesidades de información de la organización. Para ello se ha contado con los ejecutivos, que son los que, al fin y a la postre, saben lo que necesitan. Se han utilizado técnicas para obtener información de los trámites y ponerla a disposición de toda la organización.

Por último, para implantar este sistema, se ha comenzado por desarrollar una arquitectura común de aplicaciones y sobre esta arquitectura se han realizado las actuaciones necesarias para automatizar los flujos de información y tareas. El proceso se ha llevado a cabo por etapas, lo que ha permitido crear una cultura progresiva tanto en lo que se refiere a la comunicación del conocimiento como a su utilización.

No sólo se trata de crear un sistema de gestión del conocimiento sino, lo que es verdaderamente más importante, que el sistema luego se utilice, casi de forma automática, por toda la organización.

Para realizar cualquier trámite, se tiene un sistema que proporciona todo aquello que se necesita y además lo pone en conocimiento de la unidad de gestión, lo que le permite efectuar el seguimiento y control del mismo.

En la siguiente figura se muestra el puesto de trabajo que ve un usuario. Con este diseño, el usuario puede tener un conocimiento de qué tareas ha de ejecutar y que tipo de información debe tener en cuenta para realizar la tarea, leyes, procedimientos, etc. Además, permite ver de forma gráfica en que, estado del proceso está y qué documentos debe utilizar y cuáles genera, lo que hace posible aprovechar todo este conocimiento en beneficio de la organización.

Pros@: Integración del puesto de trabajo

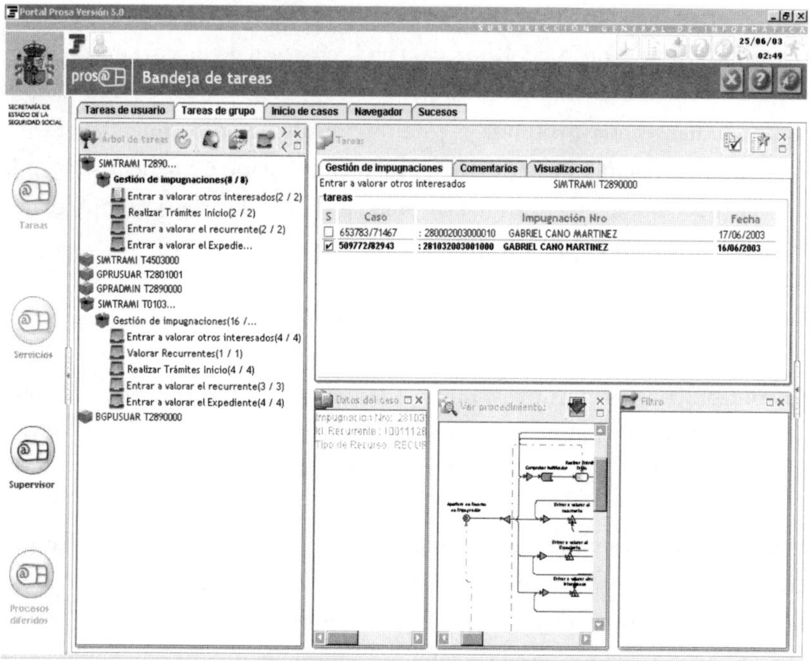

Aparte de la gestión de los trámites que se efectúa con el proyecto Pros@, contamos con una serie de productos que permiten realizar gestiones del conocimiento, tales como: *Herramientas de Búsqueda y Clasificación de información* en las que se incluyen todas aquellas que poibilitan buscar y clasificar información. De este modo, los usuarios pueden disponer de todos aquellos documentos y contenidos justo en el momento en que necesitan consultarlos. *Herramientas de Filtrado y Distribución personalizada de información*, las cuales proporcionan automáticamente información al usuario en función de su perfil. La ventaja que supone frente a otras herramientas, es que el usuario no debe preocuparse de buscar personalmente dicha información y puede dedicarse a otras tareas. *Herramientas de Colaboración, trabajo en grupo, conferencias,* e-mail y *mensajería*, que permiten generar procesos colaborativos dentro de la organización y compartir todos esos conocimientos tácitos que no pueden ser transmitidos de otro modo. Un *Portal Corporativo*, punto de entrada a un conjunto de servicios e información, a los que se accede de forma sencilla, unificada y segura y, para terminar, *Herramientas de simulación*, que permiten simular cómo coordinar una determinada tarea de trabajo, pudiendo de este modo mejorar la eficiencia y evitar posibles errores antes de que éstos se produzcan.

En conclusión, hemos visto cómo se ha pasado de una Sociedad basada en la Información a una Sociedad que se fundamenta en el Conocimiento y cuáles son sus características. Para poder llevar a cabo este avance en las organizaciones es necesario realizar una Gestión conjunta del conocimiento acumulado de los empleados, clientes, procesos, datos e información disponible.

El proyecto Pros@ permite realizar un avance en la gestión de los expedientes, automatizando el flujo de trabajo, integrando la gestión con los procesos a realizar y, en definitiva, mejorando la gestión a partir de un conocimiento más completo de la misma.

Es muy importante tener en cuenta que el desarrollo de un sistema de Gestión del Conocimiento no se basa únicamente en la utilización de herramientas informáticas, aunque suponen la base de esta gestión, son necesarias también la mentalización y la implicación del personal en este modelo de gestión y exigir el empleo de los conocimientos acumulados.

Una de las ventajas de las Administraciones Públicas con respecto a la empresa privada es la estabilidad laboral de sus empleados, lo que permite implantar más fácilmente este tipo de modelo.

A partir de la plataforma Pros@, se pueden desarrollar nuevos servicios que permitan acceder y compartir a la información de manera ágil y que ésta se pueda convertir en conocimiento disponible para ser utilizado por todos los miembros de la organización.

5.1. Bibliografía

Fundación iberoamericana del conocimiento.

<http://www.gestiondelconocimiento.com/>

MAESTRE YENES, P. (2000): *Diccionario de gestión del conocimiento e informática*, Dintel, Madrid.

Observatorio para la CiberSociedad. <http://www.cibersociedad.net/>

Revista *Robotiker*. Gestión del conocimiento.

<http://revista.robotiker.com/articulos/articulo2/pagina1.jsp>

Capítulo

4

Servicios que maximizan el valor para el empleado, al tiempo que mejoran la eficiencia de la empresa

1. El portal del empleado como herramienta para el cambio
   LUIS SÁNCHEZ NAVARRETE
   Director de Desarrollo y Política Corporativa del BBVA

2. Desarrollo actual y futuro de los autoservicios y del concepto *work place*
   PLÁCIDO FAJARDO LUPIÁÑEZ
   Director General de RR.HH.
   JOSÉ LUIS TALAVANTE
   Jefe de e-HR de Telefónica de España

1. El Portal del Empleado como herramienta para el cambio

«Ser capaz de crecer con nuestros clientes para llegar a convertirnos en una de las instituciones financieras más rentables y eficientes del mundo, anticipándonos a sus necesidades y manteniendo con ellos la relación más global posible», de esta forma resumíamos nuestra visión de futuro a principios del año 2000, en el que nos encontrábamos inmersos plenamente en el proceso de integración. En esta situación, se hacía necesario aprovechar al máximo nuestros recursos y capacidades y consolidar la posición de la nueva Organización fusionada tanto externa como internamente.

Una de las principales ventajas competitivas que poseíamos era el talento de nuestras personas, que era necesario potenciar para terminar con éxito la integración. Debido a nuestro tamaño, esta misión parecía difícil de conseguir, por eso se hacía prioritaria la adaptación de toda la Organización a las nuevas tecnologías, que nos permitirían transmitir los cambios y nuevos procesos y formas de trabajar a todas las personas de una manera rápida y eficaz, crear canales de comunicación bidireccionales y facilitar el desarrollo de habilidades.

A las puertas del siglo XXI se hacía difícil pensar en que algunas personas que pertenecían al Grupo BBVA no tuviesen apenas contacto con Internet y las nuevas tecnologías. Por eso lanzamos el *Plan Conect@*, que facilitaba la adquisición, en condiciones muy ventajosas, de un ordenador personal con conexión a Internet y que tuvo un éxito importante, ya que llegaron a adherirse un total de 28.500 personas en España y más de 35.000 en América. Esta iniciativa supuso toda una revolución –el Grupo fue pionero en lanzar esta oferta– y ayudó a fomentar la sensibilización de las personas con nuevos métodos de gestión y desarrollo, como el *e-learning*.

En aquel momento el Grupo BBVA tenía como objetivo hacer de Internet la palanca para transformar todos los ámbitos de la gestión y las operaciones del Grupo. Para ello, y como primer paso, se empezó por construir una infraestructura técnica capaz de soportar la transformación de los procesos internos y que, a su vez, permitiera tener una mejor relación y comunicación con nuestras personas, dando lugar a «espacio», un lugar dentro de nuestra Intranet, que incorporaba, tanto información interesante sobre el Grupo, como servicios que hasta aquel momento no se podían obtener a través de la Intranet corporativa. Los servicios ofrecidos pretendían fomentar la comunicación entre empleados y Grupo y la innovación a través de propuestas internas; además promovían el trabajo en equipo ya que, debido al tamaño que había conseguido nuestra Organización, resultaba cada vez más difícil.

Dentro de *espacio* se hizo especial hincapié en la creación, en 2002, de un Portal del Empleado, que pudiera dar servicios de Recursos Humanos, cada vez más demandados por los empleados y que generaban una carga de trabajo innecesaria en el área, pudiendo estar disponibles a través de la Intranet de forma fácil y rápida. Poco después, salía a la luz el Portal nuestroBBVA, accesible a través de Internet, como espacio familiar que permitía tanto a los empleados del Grupo como a sus familias acceder a información y servicios interesantes.

En los últimos cuatro años, *espacio* se ha ido consolidando y ha aumentado en contenidos y divulgación, tanto informativa como de servicios, convirtiéndose en una herramienta estratégica para el Grupo, al ser uno de los principales canales de comunicación que éste pone a disposición de los empleados, ayudando a conseguir los compromisos adquiridos durante 2003 de «crear un clima de confianza basado en una relación abierta, el respaldo al equipo y la comunicación transparente» y «estimular la generación de ideas y la capacidad de implantación». Además, y más importante, ha ayudado en la creación de la comunidad BBVA y a aumentar el sentido de pertenencia de nuestros profesionales al Grupo.

1.1. Una nueva forma de entender las relaciones con nuestros empleados

El principal objetivo del Grupo BBVA en esta área ha sido poder contar con un sistema de comunicación y de relación personal con y entre los empleados que aumente su satisfacción, productividad e identificación con el Grupo BBVA, y que permita además reducir el coste de los servicios de Gestión de Personas.

En general, los Portales del Empleado proporcionan servicios en cuatro áreas:

- Empleado/Grupo, que conecta a los empleados con herramientas e información general del Grupo.
- Empleado/Tarea, que conecta a los empleados con herramientas orientadas a su función y con bases de conocimiento corporativas.
- Empleado/Empleado, que conecta a los empleados con otros empleados y grupos organizativos.
- Empleado/Vida Personal, que conecta a los empleados con información general y productos residentes fuera del Grupo.

Al entrar en *espacio*, lo primero que ve el usuario es un espacio general, accesible por todas las personas, en el que se pueden consultar las noticias más relevantes del día referentes a BBVA, acceder a los servicios y aplicaciones más utilizados (como el directorio de teléfonos o el correo electrónico), así como consultar información general interna.

A través de esta página, el usuario tiene la posibilidad de acceder a un espacio personalizado, cuya pantalla inicial dispone de tres áreas diferenciadas:

Gráfico 1: Las cuatro dimensiones de un Portal del Empleado.

- Por un lado, muestra información relativa al área a la que el usuario pertenece y permite que éste seleccione sus enlaces favoritos a información y servicios internos.

- Por otro, pone a disposición de los usuarios enlaces a información, servicios y portales internos más utilizados a nivel general.

- Por último, muestra noticias y campañas de interés.

Desde este espacio personalizado, las personas pueden entrar en el Portal del Empleado, el cual dispone de dos áreas, una de consulta general y otra transaccional, en la que los empleados pueden ejecutar cualquier petición, consultada previamente si es necesario, y que sea aplicable a su perfil.

En el área de consulta se dispone de:

- Un *Manual del Empleado*, en el que los trabajadores pueden encontrar información general relativa a:

  — Beneficios sociales.

  — Jornadas de vacaciones y licencias.

  — Nóminas.

  — Préstamos para empleados.

  — Previsión social.

  — Retribución variable.

  — Servicios bancarios.

  — Valoración de competencias.

  — Gestión por competencias.

  — Código de conducta.

  — Otros servicios.

- La descripción de la *Formación* disponible para los empleados:

  — La formación *on line* disponible desde campus BBVA, tanto a través de nuestra Intranet como desde Internet.

  — El catálogo de cursos completo (cursos tanto presenciales como *on line*).

  — Manuales (de aplicaciones y servicios) y normas.

- Información sobre *La Experiencia BBVA*, el nuevo modelo de gestión integrada de los dos principales intangibles del Grupo (marca y cultura):

  — La cultura y visión de BBVA en el futuro.

  — La guía de comportamientos.

  — Una descripción de nuestra organización al completo, incluyendo todos los países donde BBVA tiene presencia física.

Dentro del área transaccional, el usuario puede encontrar:

- Una sección de *Información Personal* en la que poder:

  — Consultar la información fiscal de su propia nómina.

  — Consultar la información fiscal de sus préstamos.

  — Imprimir los recibos de sus nóminas.

  — Imprimir los recibos de sus préstamos.

- Acceso a las tareas que debe realizar relacionadas con los *Procesos* de RR.HH. como:

  — Valoración de competencias de las personas a su cargo y consulta de su propia valoración hecha por su supervisor.

  — Evaluación de su actuación en función de los objetivos fijados por su supervisor para el periodo definido.

— Comunicación de la revisión salarial.

— Liquidación de los gastos de viaje.

— Petición y consulta de sus préstamos.

— Petición de residencias y apartamentos.

— Petición de tarjetas de visita.

— Petición de vacaciones.

- Acceso al *Programa Innova*, que lleva en vigor dos años, y que persigue potenciar la generación de nuevas ideas entre las personas:

— Consulta de información sobre el programa.

— Aportación de ideas que mejoren la atención al cliente y la eficiencia de los procesos internos.

— Consulta de información sobre el canje de puntos de premio.

- Acceso a otras informaciones.

Esta oferta de información y servicios se complementa con el Servicio de Atención al Empleado (SAE), a través del cual se puede plantear todo tipo de consultas relacionadas con los temas mencionados anteriormente.

La creación de este espacio nos ha permitido mejorar la rapidez con que el Grupo comunica cambios o nuevas políticas de Recursos Humanos, de una manera homogénea, a toda la Organización. Hemos conseguido que todas las personas del Grupo tengan acceso a él diariamente, fomentando contenidos atractivos para todos los colectivos.

Esta oferta a través de **espacio**, se complementa con un portal familiar que, a través de Internet, no sólo ofrece la posibilidad de participar en foros sobre temas diversos sino que también pone a disposición de los empleados ofertas de interés general.

1.2. Factores clave de éxito

Cuando se decidió la creación de *espacio*, el Grupo ya contaba con una Intranet corporativa, bastante limitada en sus contenidos y poco utilizada. Por eso, el principal esfuerzo de inversión para poner en marcha *espacio* se dedicó a la incorporación de contenidos y a su estructuración dentro de la Intranet, ya que la infraestructura técnica ya estaba montada y funcionando.

Para el lanzamiento de *espacio*, se formaron grupos de profesionales de todas las áreas (tanto de soporte como de negocio), lideradas por gestores de contenidos, que se encargaron de tener en cuenta las sugerencias propuestas por estos grupos a la hora de seleccionar los contenidos definitivos de *espacio*.

Además de estos grupos, se utilizó una serie de criterios que nos permitiesen valorar el esfuerzo *vs*. beneficio en función de:

- El número de personas que fueran a utilizar el servicio en concreto.
- La posibilidad de diferenciar la prestación del servicio de lo ofrecido a través de otros entornos.
- La frecuencia esperada de acceso al contenido, en función de su utilidad en la vida diaria.
- La frecuencia de renovación necesaria para mantener el interés y la vigencia del contenido, y el grado de automatización del proceso.
- El grado de facilidad con el que será posible desarrollar e incorporar el contenido en el portal.
- La valoración del beneficio asociado al nuevo servicio a corto, medio o largo plazo.
- Si el contenido o el servicio permitiría la reducción de costes.
- Si el nuevo contenido ayudaría a fomentar la cultura corporativa y los valores de la Organización en el empleado.

Al principio de su implantación, *espacio* contenía únicamente noticias de interés general, tanto internas como externas, por lo que no era muy común que las personas accediesen diariamente. El hecho de incorporar servicios de obligado cumplimiento para el desempeño diario del trabajo fue un gran acierto, ya que los usuarios comenzaron a entrar cada día en él para poder realizar la reserva de salas de reuniones, pedir repuestos, etc., con lo que se consiguió que además leyesen alguna de las noticias de interés o consultasen información, que de otra manera no realizaban. De esta forma, se logró crear en ellos la necesidad de conectarse todos los días al llegar a su lugar de trabajo.

Su implantación ha sido progresiva y ha contado en todo momento con la opinión de grupos de usuarios para dar prioridad a los contenidos que deben ser incorporados en cada fase de la implantación. Hoy en día existe un Área de Intranet que se ocupa de definir los contenidos e incluir novedades interesantes para los usuarios.

Además, en el momento de su implantación se lanzó una campaña en la que se repartieron folletos explicativos de la nueva funcionalidad y de cómo acceder a ella y se puso a disposición de los usuarios un soporte a través de correo electrónico.

Los principales beneficios obtenidos por los profesionales de BBVA han sido:

- Tener conocimiento del entorno (mercado, marco legal, etc.).
- Tener conocimiento de las necesidades de los clientes.
- Tener acceso a cualquier noticia sobre BBVA.
- Acceder a información y servicios de interés general y especializados.
- Acceder a información sobre políticas de RR.HH. y utilizar el autoservicio de RR.HH.
- Conocer cómo BBVA se presenta a los demás.
- Fomentar el desarrollo de habilidades tecnológicas entre las personas del Grupo BBVA.
- Tener acceso a herramientas, mejores prácticas, iniciativas corporativas, campañas de marketing, etc.

- Compartir experiencias y ampliar el ámbito de relación de la comunidad más fácilmente a todo el país.

En cuanto a los beneficios para la Organización, estos canales nos han permitido:

- Mejorar las relaciones con los empleados a través de:

  — El establecimiento de un canal oficial que gestiona la relación entre el BBVA y sus profesionales.

  — La mejora de la eficiencia y la transparencia de la comunicación en el BBVA (ascendente, descendente y horizontal).

  — La mejora de la calidad y de la cantidad de información interna y externa (tanto profesional como personal).

  — La mejora de la satisfacción del empleado y la creación de un sentido de pertenencia a la comunidad BBVA.

  — Una mayor agilidad en la integración del profesional nuevo en el BBVA.

- Mejorar la productividad individual, de equipo y del negocio:

  — Potenciando la gestión y retención del conocimiento a través de:

    ✓ La captura del conocimiento (p. ej., difusión de mejores prácticas).

    ✓ El impulso a la innovación y la participación (p. ej., Comunidades BBVA).

    ✓ El estímulo y canalización de ideas (p. ej., foros).

  — Dando acceso rápido a distintas herramientas (p. ej., herramienta gestión de proyectos).

  — Dando acceso a más información, que permita una mayor rapidez en la toma de decisiones.

- Mejorar la eficiencia y la calidad del servicio:
  - Proporcionando un medio para la publicación de información de procesos, políticas departamentales, recursos, etc.
  - Reduciendo los costes y la complejidad asociada a la gestión de personas (selección, formación *on line*, etc.).
  - Facilitando la dedicación del departamento RR.HH. a tareas estratégicas.
  - Facilitando que los empleados incorporen el uso de Internet a sus hábitos cotidianos, tanto en el ámbito profesional como en el personal.

El portal es un espacio vivo que se encuentra en continuo crecimiento y actualización. Periódicamente, se hace un seguimiento de uso para poder conocer qué secciones son las más utilizadas y cuáles entran en desuso, de forma que podamos eliminar los contenidos que menos aportan y sustituirlos por otros que pueden tener mayor y mejor utilización. Además, cada usuario tiene la posibilidad de personalizar los enlaces con acceso rápido a través de *espacio*.

Hoy en día, los 35 países en los que BBVA tiene presencia física, cuentan con un acceso a *espacio*, con enlaces genéricos y otros adaptados a las necesidades locales.

1.3. Retos de futuro

Después del éxito que hemos conseguido con *espacio*, y en especial con el Portal del Empleado, se está comenzando a reestructurar su contenido, de forma que se cree:

- Un apartado referente al Modelo de Recursos Humanos, para hacerlo más próximo a cada empleado del Grupo.
- Una nueva plataforma de *e-learning*, multipaís con una arquitectura tecnológica única que compagina las necesidades locales y las corporativas.
- Un nuevo dossier del empleado.

Con esta reestructuración se busca que nuestro Portal del Empleado se adapte más fácilmente a las necesidades de los usuarios, además de seguir incorporando nuevos servicios demandados por nuestros profesionales.

2. Desarrollo actual y futuro de los autoservicios y del concepto Work-place

2.1. E-domus, *la experiencia en Telefónica de España*

Los últimos años de la década de los noventa fueron testigos de un fenómeno económico y empresarial de gran magnitud conocido como la *Nueva Economía*.

Los patrones de este nuevo estilo venían regidos por la importancia que se le concedía a la red Internet como epicentro de un nuevo ágora, donde se podrían realizar rentables negocios basados en transacciones globales desde cualquier parte del mundo.

No primaba demasiado el modelo de negocio en el que se sustentaran las nuevas empresas, ni tampoco los capitales que financiaban estas organizaciones con tal de tomar posición estratégica y presencia en estos nuevos mercados –a veces, meramente virtuales–, y disponerse a asumir las macropérdidas iniciales como un mal necesario, presagio de esperanzadores beneficios futuros.

Muchas de estas organizaciones, lideradas por tecnólogos no empresarios, no sobrevivieron a esta realidad, otras sí. Pero no cabe duda de que unas y otras ayudaron, con su fuerza innovadora y el talento de muchos de sus miembros, a desarrollar las tecnologías de la información y las comunicaciones (TIC) tal y como las entendemos hoy en día. Además, las expectativas de crecimiento anual de las TIC actualmente en este año 2004 se mantienen de forma saludable en torno al 4,5 por ciento, lo que hace sostenible el modelo de desarrollo basado en ellas.

La selección natural ha puesto una vez más a cada cual en su sitio. Han ganado la batalla aquellas empresas que tenían un negocio viable, equipos sólidos, estrategias definidas y operativas. Ejemplos típicos son Amazon, Google, y experiencias de éxito en España las de casos singulares como el de Barrabés.com

En el ámbito de los recursos humanos muchas empresas pusieron en marcha proyectos B2E (Business to Employees) para aprovechar estas nuevas tecnologías web relacionadas con la red, y dar un salto cualitativo en eficiencia, productividad y cambio en la cultura, orientándose hacia la filosofía «e-Company». Con el paso del tiempo, la apuesta por este tipo de proyectos ha resultado muy acertada en la mayoría de los casos, y es hoy frecuente que las empresas dispongan de sistemas, Intranets o portales de empleado, desarrollados en estos últimos años, para relacionarse con sus profesionales en los procesos internos. Seguramente ha contribuido a esta expansión el hecho de no haber existido la exigencia de resultados a corto plazo que sí se pedía a los denominados proyectos B2B o B2C, tras un primer momento de indulgencia que, como hemos indicado anteriormente, fue pronto superado.

El mayor beneficio quizá esté siendo obtenido por las grandes compañías, dado el factor multiplicador que supone tener un número elevado de empleados. Pero la posibilidad de *outsourcing* de procesos completos, tipo nómina o beneficios, y los servicio ASP con terceros están decantando a las empresas más pequeñas a evolucionar hacia esta forma de relación *on line* de la que cada vez más se muestran firmes partidarias.

Una tendencia que está apuntando en los últimos años en las grandes compañías multinacionales es la creación de los Centros de Servicios Compartidos (CSC) de empresa. Los procesos que no forman parte del núcleo principal del negocio pueden ser agrupados y, en ocasiones, externalizados para buscar sinergias en tecnología, eficiencia de procesos y seguridad, enfocando a las distintas unidades o líneas de negocio a la dedicación completa a sus clientes.

En este contexto los autoservicios de empleado han pasado a ser elementos comunes integrados en la gestión de los procesos internos de relación entre la organización y sus profesionales, siendo el cauce habitual –y único en muchos casos–, para realizar las transacciones con los departamentos de recursos humanos, finanzas, inmobiliario, etc.

En este capítulo analizaremos la situación actual de los autoservicios de empleado, la tipología de los mismos en función de su grado de automatización y *workflow* asociado, así como el valor que pueden aportar a las organizaciones desde el punto de vista de eficiencia y retorno de la inversión. Además, recalcaremos también la importancia del elemento transformador que suponen los autoservicios para la comunicación interna y la evolución del rol administrativo de la función de recursos humanos en las compañías, avanzando hacia una orientación más estratégica y promotora del cambio centrada en atraer, fidelizar y desarrollar a los mejores profesionales, más unida al negocio y aportando valor.

Como último aspecto, intentaremos dar unas pistas sobre el futuro inmediato de los autoservicios y su evolución hacia el *e-workplace* en las organizaciones, y veremos también el portal del empleado *e-domus* como ejemplo de una experiencia práctica en Telefónica de España.

2.2. Tipología de los autoservicios de empleado

Entendemos como *autoservicio de empleado* la disponibilidad y capacidad que tiene el profesional de una organización para realizar una transacción, mediante un sistema *on line* con tecnología web, asociada a un evento puntual de su relación laboral con la empresa.

En función del mayor o menor grado de automatismo que ofrezca el autoservicio podemos considerar los autoservicios *end to end*, cuando no existe intervención alguna por parte de *managers* o supervisores de las unidades de apoyo durante el ciclo del autoservicio, que se inicia con la petición del empleado y finaliza cuando la transacción se consolida en los sistemas de la Compañía. Éste es el estadio más avanzado y el que más eficiencia interna reporta, aunque las organizaciones son muy minuciosas a la hora de implantar este tipo de soluciones, debido fundamentalmente a la fiabilidad, consistencia y validez de los datos. En estos casos el análisis estadístico se presenta como una alternativa eficaz para chequear los aspectos anteriores. Igualmente, la consolidación de tecnologías ligadas a certificación y firma digital pueden estar retrasando la implantación definitiva de este tipo de autoservicios en algunas organizaciones.

Ejemplos característicos de este tipo de autoservicios serían el cambio de cuenta bancaria para recibir los ingresos de nómina, el cambio de domicilio o residencia del empleado, la consulta *on line* de la nómina o cualquier tipo de normativa laboral, o la inscripción en procesos de selección para promoción interna. Son, por tanto, transacciones que tienen origen y fin en el propio empleado y no necesitan intervención de otras personas para realizarlas.

Cuando el empleado activa un autoservicio y es necesario la validación de un *manager* para proseguir el ciclo de vida de éste, se considera la necesidad de establecer un *workflow* o flujo de trabajo que puede finalizar en el manager o proseguir hasta el departamento que recibe la petición, donde se consolida la transacción, con la aprobación de un supervisor del área o sin la necesidad de este.

Este tipo de autoservicios con *workflow* asociado está cambiando el grado de implicación, en muchos casos, que los *managers* adquieren con sus colaboradores dando un mayor ámbito de responsabilización a su función. Esto es especialmente conveniente en procesos ligados al desarrollo y la formación, a la planificación de la carrera profesional sobre la base de competencias y conocimientos, o a la evaluación del desempeño. En estos casos se espera del mando un liderazgo orientado a crear las condiciones necesarias para que los colaboradores aporten los mejores aspectos de su profesionalidad en el entorno de trabajo.

Igualmente, este cambio de paradigma, implicando al jefe inmediato en los aspectos que afectan directamente a los empleados, supone un avance cualitativo en el desarrollo de la función de los nuevos departamentos de recursos humanos que están tan cerca del mando intermedio y del directivo, apoyando su gestión de dirección de equipos y personas, como del propio empleado. Es una propuesta que poco a poco debe ir consolidándose para ayudar y reforzar el liderazgo del *manager* frente a sus equipos y asumir el papel que les corresponde.

Finalmente, y como modelo menos desarrollado, estaría el tipo de autoservicio que inexcusablemente depende de la actuación manual del departamento de apoyo en cuestión para su validación, porque sea necesaria una decisión cuyo proceso es indelegable en el negocio, tipo propuesta retributiva, tratamiento de bajas e incapacidades transitorias, o procesos relacionados con entidades públicas cuyo representante del trabajador, en este caso, es la propia empresa (Seguridad Social, Hacienda, etc.).

2.3. Autoservicios de empleado y eficiencia interna

Uno de los argumentos más utilizados para justificar las inversiones realizadas en las empresas, relacionadas con el B2E, es el aumento en la eficiencia interna y la productividad por empleado al implantar soluciones tipo *self service*.

Si bien no todas las compañías han realizado un análisis detallado para cuantificar el valor real de este retorno, la mayoría sí reconoce que el ROI está en valores que justifican estas inversiones. Vamos a plantear, en este apartado, una propuesta práctica para cuantificar, en la medida de lo posible, este retorno de la inversión utilizada por algunas empresas de reconocido prestigio.

El análisis de las soluciones *on line*, desde el punto de vista de eficiencia interna, puede considerarse teniendo en cuenta el ahorro en tiempo y recursos que se obtiene con los autoservicios. Este impacto económico puede imputarse directamente en la cuenta de resultados anual una vez hecho el análisis objetivo del proceso tradicional frente al procedimiento *on line*.

En este caso se divide la transacción en actividades simples asignando a cada elemento un tiempo y un coste de la operación, tanto de la persona que activa el autoservicio como del administrador responsable de la validación del mismo. Es aconsejable en estos casos realizar estimaciones conservadoras y ajustadas al procedimiento, pues muchas veces, por el afán de demostrar los beneficios inmediatos de este tipo de soluciones, podemos caer en la tentación de ofrecer resultados poco realistas.

El resultado final del ahorro lo podemos obtener multiplicando por el número de transacciones total/año del conjunto de autoservicios gestionados de forma *on line*, además de costes adicionales que ya no son necesarios y están ligados a elementos complementarios como pueden ser papel, tinta, *outsourcing* de servicios, equipos necesarios para la grabación de datos, etc.

Adicionalmente, una de las ventajas colaterales que ofrece un sistema de *self service* de empleado, desde el punto de vista de la calidad, es el control exhaustivo que proporciona esta automatización sobre los procesos internos, que, si en el momento de su definición han sido desarrollados según los estándares y normas vigentes, se convierten en procesos fácilmente auditables e integrados en el sistema global de la calidad de las compañías.

Aspectos como la rotación, la movilidad, el absentismo, la formación, la selección y el reclutamiento, el seguimiento de gastos, etc. pueden ser controlados prácticamente al instante y de forma *on line* si se ha tenido la precaución de definir las consultas necesarias para realizar este seguimiento e integrarlo en el cuadro de mando de las organizaciones.

Sin embargo, está claro que otros factores de los autoservicios de empleado no pueden imputarse en la cuenta de resultados de forma tan inmediata, pero sí pueden activarse a medio plazo con la consolidación en la cultura empresarial de este tipo de actividades. Nos estamos refiriendo al aumento de productividad al activar el lucro cesante que conllevaba la propia gestión del proceso interno. Obviamente, cuando realizar una transacción *on line* reduce drásticamente el tiempo requerido por el empleado entorno al 60 por ciento de media, se produce un incremento de la actividad debido al uso de los recursos con mayor eficiencia.

Como hemos señalado anteriormente, es importante ajustar estos factores de productividad para no caer en cifras demagógicas, que aunque son fáciles de intuir y demostrar matemáticamente, son difíciles de incluir y llevar a las cuentas de resultados de las compañías.

Un caso parecido se puede dar con el aumento de la productividad que se genera gracias a la integración de las claves de acceso de usuario cuando, accediendo al portal del empleado, se puede realizar todo tipo de transacciones según el perfil o rol organizativo. Cada vez que un empleado accede a un servicio y no tiene que volver a teclear su usuario y clave estamos provocando un ahorro de tiempo pequeño por empleado y día pero importante por organización y año. Igualmente, esta integración favorece la disminución de incidencias provocada por la pérdida de claves, así como el tiempo latente necesario hasta que el centro de servicios informático las restaura.

Otro elemento relacionado con los sistemas B2E que se han incorporado conjuntamente en las empresas son los buscadores o motores de búsqueda de contenidos digitales dentro de una organización. Cuando en este caso se realizan las comparaciones entre el procedimiento tradicional y la búsqueda de forma *on line* puede llegar incluso a ser muy elevado el ratio de eficiencia que aportan, más cuanto más ajustados estén los criterios de búsqueda, mejor organizada y catalogada se encuentre la información y más personalizada sea su presentación.

Finalmente, un aspecto muy importante que se incluye también en los apartados de eficiencia, son las campañas de comunicación interna basadas en *banners* o *pop ups* que estimulan al empleado a consultar información relevante para su trabajo. En este caso, es bueno anticipar que no necesariamente deben imputarse estos ahorros en las cuentas de resultados, pero sí es aconsejable realizar un estudio que ponga en relación con el mercado el coste que llevaría asociado esa campaña si fuera encargada a una empresa externa, basándonos en el número de veces que los empleados consultan dicha información.

En definitiva, es muy conveniente realizar un análisis lo más detallado y realista posible del impacto económico que supone la implantación de soluciones *on line*, como argumento para consolidar este tipo de proyectos.

2.4. El aspecto transformador de los autoservicios de empleado

El concepto de *self service* de empleado ha cambiado sin duda alguna la relación de los empleados con los diferentes procesos internos de las compañías. Para que los profesionales se adapten a este cambio es necesario pasar de un rol reactivo a un rol más proactivo donde tiene vital importancia la actitud que toma la persona frente a su profesión.

La empresa no selecciona ya toda la información que el empleado necesita; es necesario que éste aprenda a buscar en la Intranet la información relevante y diferencial para su trabajo, aunque exista un proceso facilitador por parte de la organización basado en la personalización.

Frente a un proceso determinista de la carrera profesional, la Red puede proporcionar ecosistemas de desarrollo que el individuo, basándose en su evaluación de competencias, su currículum vitae siempre actualizado y los entorno *e-learning*, debe encargarse de cuidar y desarrollar.

Los puestos de trabajo están evolucionando vertiginosamente, desde el punto de vista de localización y jornada, hacia una mayor flexibilidad, fundamentalmente debido a la contribución de las TIC. Los entornos móviles mediante tecnologías wi-fi y GPRS están facilitando esta adaptación. No es necesario estar o ir a las oficinas o al despacho para poder realizar una transacción.

La gestión de proyectos en los que participan profesionales de distintas áreas y países, basado su progreso en la colaboración, la interacción y el trabajo en red, *groupware*, está exigiendo no sólo nuevas competencias y habilidades infotecnológicas, sino un talante más cooperativo y comunitario. Además, las comunidades de práctica se están consolidando como espacios colaborativos muy ligados al negocio y están empezando a ofrecer resultados sostenibles y rentables.

Un apartado muy importante para consolidar la transformación basada en la relación *on line* con los empleados es la gestión del cambio que conlleva la misma. Los aspectos más importantes para impulsar el cambio están relacionados con la implicación de la alta dirección en estos procesos.La actitud firme y determinada hacia este cambio de los directivos de primer nivel, constituye un aval para garantizar el éxito de la implantación. A partir de aquí es muy importante eliminar los procedimientos tradicionales de realizar las cosas desde el momento mismo en el que el nuevo sistema funciona, y además mantener una comunicación clara y persistente en el tiempo que afiance el nuevo proceso y ofrezca seguridad a los empleados.

La comunicación interna de las compañías ha sufrido una evolución muy importante con el apoyo del uso de las nuevas tecnologías. La información se convierte en un elemento consumible a gran escala que puede proporcionarse en el mismo momento en el que se produce. Con una adecuada proactividad de los empleados, la estrategia de las compañías puede ser conocida por ellos en el mismo instante en el que está siendo anunciada. Este nuevo entorno favorece la transparencia y la participación, y facilita tanto el flujo descendente hacia los empleados como en el sentido inverso. De hecho, las actuales encuestas de clima se están canalizando en la mayoría de los casos como un autoservicio más del empleado.

El portal del empleado se convierte así en un canal de comunicación preferente para las organizaciones, lo que coloca actualmente en muchas compañías como el canal de comunicación mejor valorado por los empleados.

Este escenario está facilitando mucho la evolución del rol de recursos humanos hacia aspectos más estratégicos, como comentábamos al principio del capítulo. Es importante que los directivos y mandos perciban también esta evolución no como un mero traspaso de funciones delegadas sino como la incorporación de un socio estratégico para su negocio que, trabajando en colaboración, va a ayudar a que sus profesionales sean más competentes en habilidades críticas, se reduzcan los costes del negocio y aumenten la productividad.

Con esta visión, la función de recursos humanos se alinea perfectamente con la estrategia de la Compañía y tiene una magnífica oportunidad para ampliar su papel y contribución.

2.5. La evolución hacia el e-workplace

Creemos que no hemos llegado al final del ciclo en este proceso. La evolución es constante e imparable. El momento actual de las empresas nos demuestra que la tecnología nos está ayudando a mejorar los procesos, a ser más eficientes, a tener más autonomía y responsabilidad sobre nuestro trabajo, pero falta algo.

No ha llegado el momento en el que la propia tecnología cambie el proceso radicalmente. También es verdad que el aspecto diferencial de los departamentos de recursos humanos son las personas, la capacidad de las mismas para liderar, comprometer y motivar. Otros sectores como el automovilístico, la distribución o la elaboración de materias primas son pioneros en la incorporación de tecnología a sus procesos. En muchas ocasiones, sólo han dejado funciones tales como la supervisión, como elementos comunes manejados por las personas, mientras que el resto tiene un altísimo componente tecnológico y de automatización.

Sin embargo, centrándonos en el aspecto que nos ocupa, la tendencia que apunta el amplio desarrollo del uso de las nuevas tecnologías en las organizaciones está marcando un cambio significativo en las competencias de los profesionales y en la propia función de muchos departamentos.

Los empleados pasan una amplia parte de su jornada leyendo el correo electrónico, realizando transacciones de negocio *on line*, consultando información que aparece por su terminal informático, reuniéndose virtualmente con colegas mediante videoconferencia, conectándose desde su hogar con banda ancha a las Intranets corporativas y, en definitiva, usando masivamente las nuevas tecnologías.

Por su parte, las organizaciones ofrecen cada vez más servicios personalizados para sus empleados, accesos integrados a los sistemas, herramientas de mejora de la eficiencia, entornos colaborativos, nuevas posibilidades de trabajo basadas en la flexibilidad y la confianza.

El reto fundamental está en la capacidad de las personas para adaptarse a los cambios. La verdadera revolución debe acontecer en la cabeza de las personas, debemos asimilar que todo lo que nos rodea está evolucionando más rápidamente que nunca, y que sólo aquellos que cambien a la misma velocidad que el resto de su entorno podrán mantener su competitividad.

2.6. e-domus, *un ejemplo práctico de portal de empleado en Telefónica de España*

Telefónica de España es la sociedad cabecera de un grupo de empresas cuya principal actividad es ofrecer servicios de telefonía fija e internet y banda ancha a sus clientes en España.

Su estrategia comercial y de marketing está basada en la orientación al cliente y en la innovación de servicios y en una amplia oferta de productos y servicios.

La apuesta de Telefónica por la banda ancha a través del despliegue del ADSL está siendo clave para el crecimiento de este mercado. Desde el año 2000 ha invertido hasta ahora alrededor de 2.000 millones de euros en la creación de infraestructuras, servicios y contenidos de banda ancha que han contribuido al crecimiento del mercado de ADSL en su conjunto, lo que ha supuesto un beneficio no sólo para Telefónica, sino para todo el sector.

Con más de 34.000 empleados, una presencia geográfica notable en todo el territorio nacional, y un profundo proceso de transformación cultural y de orientación al cliente, los últimos tres años han sido claves para seguir manteniendo su liderazgo.

En este contexto, el Plan Estratégico ha estado orientado, desde el año 2000, a mantener la cuota de mercado en los servicios de telefonía fija, avanzar en el desarrollo de la banda ancha y servicios asociados, profundizando sostenidamente en la transformación cultural y de valores de la Compañía. Una de las líneas fundamentales de actuación de este Plan Estratégico ha sido el aprovechamiento de las nuevas tecnologías de la información y comunicaciones (NTIC) para relacionarse con sus clientes, proveedores y empleados, reforzando con el ejemplo la tendencia que en el mercado está marcando en servicios y aplicaciones de valor añadido sobre la banda ancha.

El proyecto estratégico de cambio (PEC) denominado *e-business*, supervisado personalmente por su presidente durante su vigencia, ha marcado un antes y un después en la transformación de Telefónica de España en una *e-Company* aplicando tanto interna como externamente el uso de las NTIC en la relación con clientes, proveedores y empledos.

Fruto de este trabajo se crearon en el año 2000 el portal de Internet telefonicaonline.com, centro virtual de toda la relación con los clientes en la red, que tiene registrados más de 1.800.000 clientes, realizó más de 17 millones de consultas y más de 250.000 operaciones de venta *on line* en 2003, *e-Agora*, el portal del proveedor en Extranet con más de 600 empresas registradas, y *e-domus*, el Portal del Empleado, canal de comunicación interna preferente con los empleados, con más de 20.000 usuarios distintos diarios y más de 1.000.000 de transacciones anuales en el año 2003.

Dedicaremos algunas líneas al proyecto de desarrollo del Portal del Empleado hacia el *e-workplace*.

e-domus se implanta en Telefónica de España como la solución centrada en las personas, que aporta a los empleados un canal de comunicación interna preferente. La valoración de los empleados en la encuesta de clima realizada en 2002 resulta enormemente positiva, y es elegido como el mejor y más fiable canal de comunicación, por encima incluso de sindicatos, jefes y compañeros. Se trataba de una puerta de entrada al mundo digital, a las aplicaciones y herramientas de trabajo, de procesos y autoservicios *on line* y

Home de e-domus: Portal del Empleado de Telefónica de España

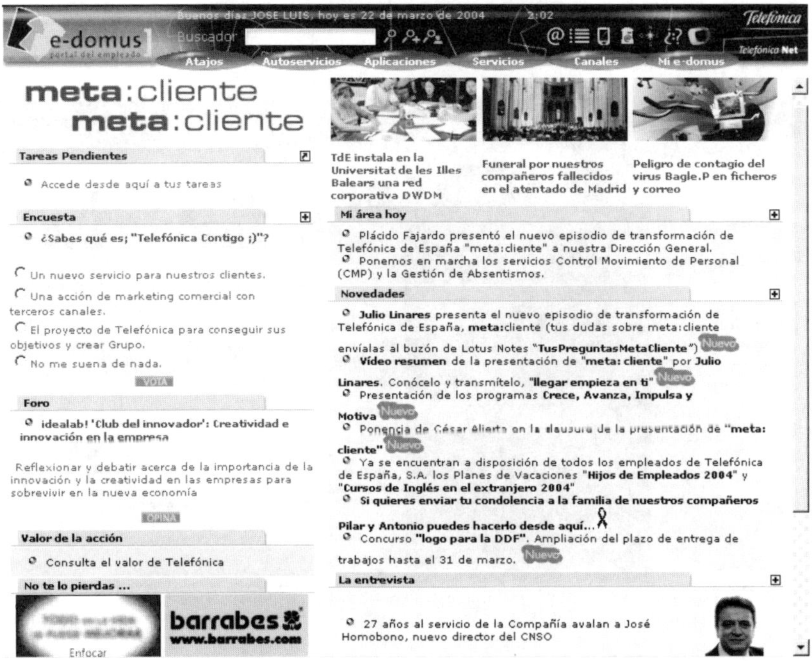

automatizados, de acceso compartido a información relevante para el trabajo diario y de desarrollo profesional.

Con CISCO System como socio tecnológico y aplicando la metodología NetReady, «listo para la red», con las diferentes versiones y desarrollos, en noviembre de 2000 se pone en marcha el portal con una intensa campaña de comunicación interna por diversos canales: los comités de dirección de las Direcciones Generales, el correo electrónico corporativo, entrevistas en la revista de comunicación interna y «píldoras» para dar a conocer de forma online los servicios y facilidades del portal. Cerramos el año con más de 3.500 usuarios.

El liderazgo, seguimiento e implicación de la alta dirección y el propio presidente, compartido con la Dirección de Comunicación Interna y la Dirección General de Recursos Humanos, ha contribuido de manera determinante a la gestión del cambio y a la integración en canales de las diferentes Intranets existentes que ofrecían servicios, en muchos casos duplicados y redundantes. El comité *e-business*, presidido por el máximo ejecutivo, supervisaba trimestralmente el avance de todos los proyectos hasta noviembre de 2002, año en el que termina con más de 18.000 empleados accediendo diariamente al portal y más de 750.000 transacciones.

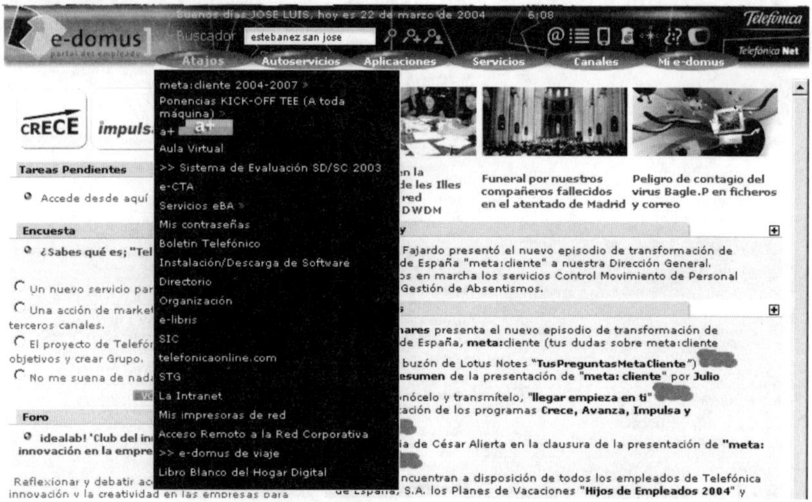

La visión del proyecto

El objetivo principal del proyecto era convertir *e-domus* en el centro de la comunicación y de los procesos internos de la Compañía, permitiendo a los empleados ser más eficientes en su trabajo y en sus relaciones con la empresa, ofreciendo, además, un instrumento de primer nivel para el desarrollo y la gestión del conocimiento.

Además, como objetivos secundarios:

- Desarrollar y fortalecer la comunicación interna, basada en la transparencia y el acceso a la información.
- Orientar la cultura de la empresa favoreciendo el cambio hacia el *e-business* y las nuevas tecnologías de la información.
- Aumentar la satisfacción del cliente interno en los procesos operativos y de soporte.
- Reducir costes y evitar duplicidades de contenidos y procesos.

- Establecer la propiedad, gestión y actualización de contenidos.

- Promover la total disposición de la información necesaria para el desarrollo profesional y personal del empleado.

Autoservicios: *Self service* de empleado. Exclusivos por el portal. Tres veces más rápida su tramitación.

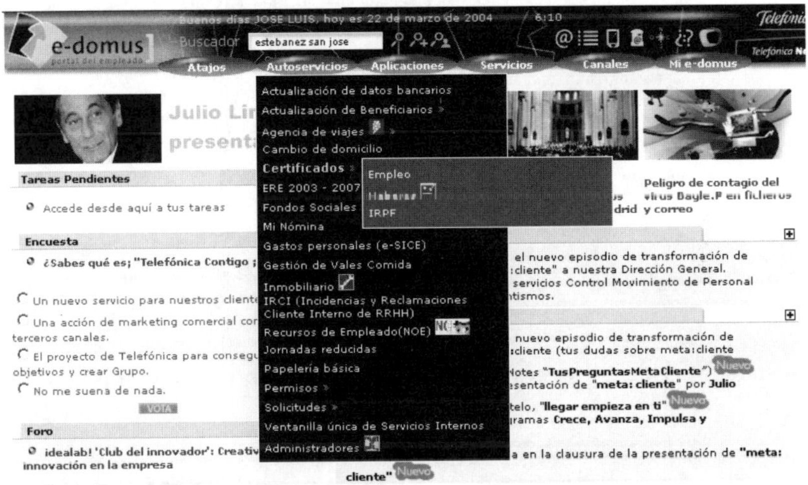

Los menús desplegables ayudan a la navegación.

El acceso a más de 100 aplicaciones de gestión de la Compañía facilita el trabajo de los empleados y supone un aumento considerable de la eficiencia interna.

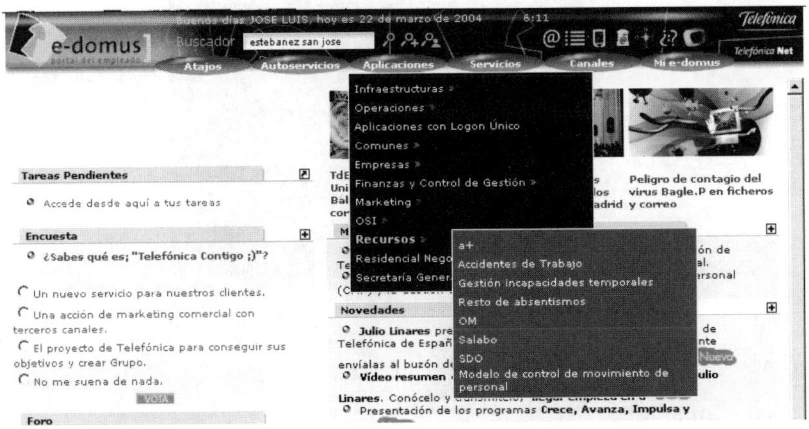

Servicios: Más de 40 servicios de valor añadido para el empleado que le aportan información concreta sobre acceso, documentación y ofertas para empleado.

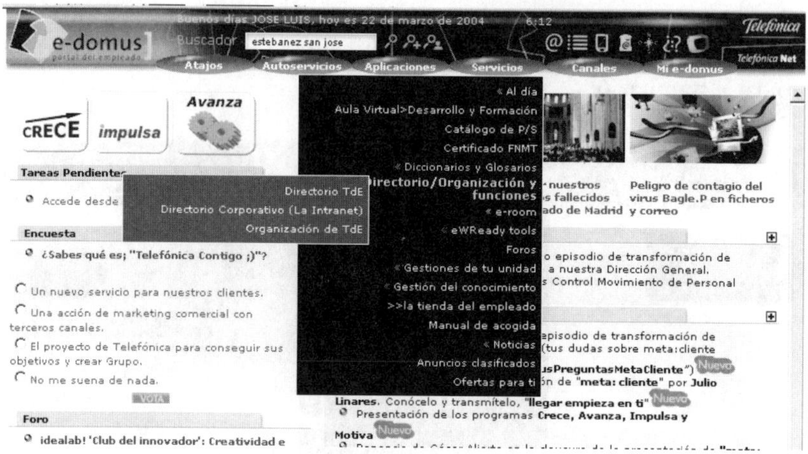

Canales: Más de 90 accesos a Canales del Grupo y de Telefónica de España.

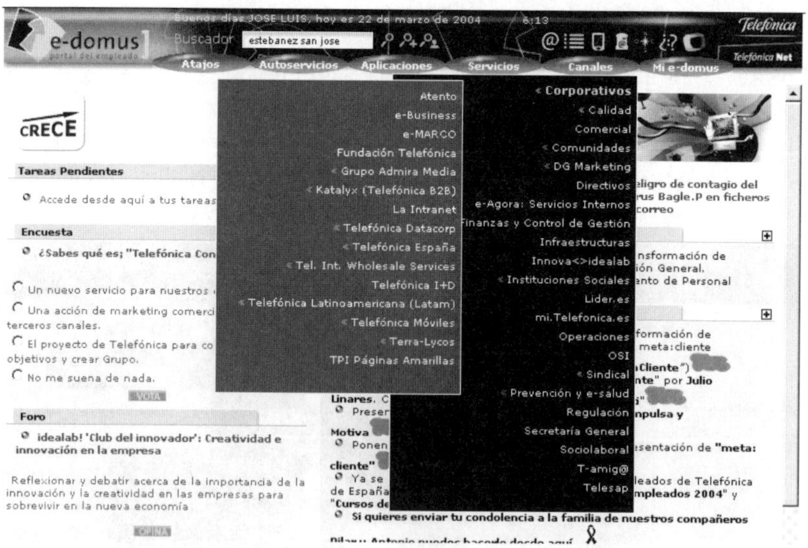

Mi e-domus: Hasta 10 favoritos accesibles desde *Mi e-domus* desde cualquier PC en el mundo.

Los aspectos diferenciales de *e-domus* como el *e-workplace* de los empleados de Telefónica de España podemos resumirlos en estos dieciséis puntos:

1. Estamos centrados en la Persona y su contexto de trabajo como referencia para desarrollar cualquier concepto ligado al portal, comunicación interna, diseño, accesibilidad, navegación, procesos, contenidos, etc.

2. **Sitio de referencia para comunicación interna** de campaña corporativa, de negocio, de voluntariado y de venta interna se productos y servicios.

3. Recoge la máxima **personalización**, de tal forma que la persona tenga aquella información que le es relevante para su trabajo a un solo *click*.

4. **Seguridad y confidencialidad** de la información personal y relevante.

5. La **descentralización en la gestión de los contenidos** para ofrecer la información al instante y que el propietario de la misma pueda ponerla directamente en el portal con el sistema de gestión de contenidos, más de 150 administradores en todas las áreas de negocio completan los distintos ciclos de gestión de contenidos.

6. El **acceso a Internet desde el portal** con el usuario y la clave compartida es un aspecto básico que marca un punto de inflexión en el avance de nuestra Compañía como empresa orientada a la red.

7. **Disponibilidad 7*24** desde el puesto de trabajo, en el PC propio o desde los puntos *e-domus* (quioscos) y desde el hogar. Todos los empleados pueden acceder desde su casa a *e-domus*.

8. **Plataforma para la mejora de la productividad** reduciendo tiempos y aumentando la eficiencia en los procesos internos y de búsqueda y acceso a la información.

9. **Acceso Integrado a las herramientas y aplicaciones de gestión de la Compañía** con logon único para las que residen en la misma plataforma o con integración de usuario y clave (p. ej., integración con plataforma de correo electrónico Notes).

10. **Palanca para el desarrollo y formación profesional** integrado con la plataforma e-learning de Teleformación **a+**.

11. **Encuesta de satisfacción con el uso del portal** realizada a una muestra de empleados semestralmente que nos da información sobre el grado de avance en aspectos como uso, utilidad, diseño, acceso y navegación.

12. ***Focus group*** de empleados para orientar el diseño y la navegación del portal.

13. **Cuadro de mando** integrado en el informe de gestión de la Compañía para monitorizar los parámetros de evolución *e-Company*.

14. **Acceso al Plan Estratégico y seguimiento *on line*** de los programas que lo componen.

15. **Punto de acceso a la encuesta de clima laboral** y referencia para el seguimiento de las acciones derivadas. Muchos de los productos y resultados de estas iniciativas se consolidan en el portal.

16. **Centro de Atención Personal** para empleados con difícil acceso a PC.

e-domus es hoy una realidad consolidada en Telefónica de España, que ofrece servicios de comunicación interna instantánea y *on line* para todos sus empleados (todas las campañas internas de comunicación están canalizadas por el portal). Es el referente de todos los procesos internos relacionados con el empleado (más de un millón de transacciones al año). Se accede desde él a todas las aplicaciones corporativas (más de 100). Los canales comerciales de distribución lo utilizan como portal de acceso a catálogo de productos y servicios. Está continuamente actualizado en contenidos, directorio de empleados, manual de organización; en definitiva, es el canal de innovación y mejora permanente utilizado por todos los empleados (más de 1.000 ideas en 2003), y pretendemos continúe siendo, cada vez más, una palanca de transformación clave para nuestra compañía, y un elemento insustituible para el crecimiento de todos sus profesionales.

Epílogo

¿Qué nos queda por vivir? Evolución natural de los servicios *on line* de RR.HH.

José Manuel Casado González
Socio de Human Performance de Accenture

¿Qué nos queda por vivir? Evolución natural de los servicios *on line* de RR.HH.

Aunque ya nada nos sorprenderá; probablemente nos quede por vivir lo mejor y más impresionante. Los avances científicos y tecnológicos harán posible cualquier cosa que podamos imaginarnos por muy difícil que pueda parecernos. Sin embargo, predecir concretamente lo que nos queda por vivir es un ejercicio atrevido, aunque terriblemente apasionante.

Decía Paul Valéry[1] que «el problema de nuestro tiempo es que el futuro ya no es lo que era». Cuando se intenta predecir el futuro, casi de lo único que podemos estar seguros es de que va a ser distinto al pasado. Predecir el futuro es un ejercicio de imaginación que puede ser catalogado como arriesgado por algunos prudentes y como ostentoso por otros críticos o acomodados, pero necesario para los deseosos de forjarlo. Es evidente que si deseamos prever el futuro tendremos que hacer proyecciones de adivinación –en muchos casos ingenuas– con la sana esperanza de acertar para intentar gestionarlo o, si me apuran y como diría Peter Drucker, para provocar aquel escenario que más nos interese.

Pensar el futuro para intentar adivinarlo es una de las acciones que más valor confiere a la empresa, aunque aquél no se vea a corto plazo. Estoy convencido de que las organizaciones dedican demasiado tiempo a repensar y preservar el pasado y muy poco a predecir el futuro. Según Hammel y Pralahad[2] los miembros de la alta dirección deberían dedicar entre un 20 y un 50 por ciento de su tiempo a predecir el futuro y a crear una visión que permita la competitividad de su empresa. Sin embargo, la mayoría de los altos directivos apenas dedican el 2 por ciento de su esfuerzo y tiempo a esta trascendental tarea.

---

[1] Célebre escritor francés (1871-1945). Está considerado como uno de los más grandes escritores modernos.

[2] HAMEL, G. y PRALAHAD, C. K.: *Compitiendo por el futuro*, Ariel, Barcelona, 1995.

Un estudio de Henry Mintzberg[3] desvelaba que los primeros ejecutivos de la empresa suelen creerse malabaristas, con capacidad para manejar al mismo tiempo todo tipo de tareas y problemas, lo que perjudica su trabajo y aportación de valor añadido a la empresa. Es decir, en vez de pensar en el futuro, para adelantarse a la competencia, mejorar el rendimiento general e incrementar la eficacia del grupo, muchos directivos actuales se encallan en el día a día y dejan sin resolver los verdaderos retos de negocio: pensar en el porvenir.

Lo que deben hacer las empresas y sus máximos representantes es centrarse en lo importante y dejar que el día a día sea resuelto por sus colaboradores. Lo realmente importante hoy es ser el primero en llegar al futuro, algo que desde luego no conseguirán las compañías que ocupen a sus altos directivos en proyectos operativos que puedan ser ejecutados por otros ejecutivos de menor nivel.

Pensar en tiempo futuro para llegar primero significa entender cuáles son los elementos diferenciadores de la competencia, buscar las oportunidades de ese futuro, movilizar las energías de la empresa para iniciar el viaje al futuro y ser capaz de hacerlo más deprisa que los competidores. En definitiva, significa desaprender el pasado, cuestionar el presente y aprehender el futuro. Ésta será una de las tareas fundamentales de la organización de este tercer milenio que comienza a dar los primeros pasos de su infancia.

Convendrán conmigo en que hablar del futuro, y hacerlo en estos momentos, intentando aportar algo nuevo sobre lo ya señalado por mejores expertos que el que suscribe este capítulo, se nos antoja un ejercicio en el que es casi imposible no perder el equilibrio. De todas formas, asumiremos el riesgo de avanzar nuestra propia visión y abordaremos esta intrépida aventura con osadía, pero también con la humildad que el escenario de un mundo nuevo y agitado requiere.

El colmo de nuestra ingenuidad sería en este corto epílogo pretender abordar todos y cada uno de los temas que conforman la gestión empre-

[3] Es uno de los pensadores modernos más destacados gestión empresarial. Profesor de McGill University desde 1968 y autor de grandes obras de *management*.

sarial. Nos centraremos aquí en un elemento central y que –según nuestra modesta opinión– será la diferencia fundamental para las empresas; estamos hablando del completo entendimiento y de la consideración de importancia de los temas sociales, los cuales van a tener un impacto sobre la gestión empresarial mucho mayor en el futuro que lo tuvieron en el pasado.

Los cambios sociales que se están produciendo dominarán la vida de los ejecutivos durante los próximos lustros. Estar atento a ellos para adelantar sus consecuencias nos ayudará a comprender lo que nos queda por vivir.

Revoluciones miméticas

Vivimos tiempos turbulentos. El cambio continuo es la nota dominante en este principio de siglo. Todo a nuestro alrededor parece tambalearse, es cuestionado. Quizá estemos viviendo el momento más trascendental de nuestra historia, al borde de una nueva era capaz de transformar nuestras más arraigadas creencias. Momentos como la Revolución Industrial del pasado siglo, incluso el Renacimiento, pueden compararse a esta nueva etapa que afrontamos. Pero con una diferencia esencial: las redes de comunicación y las tecnologías actuales reducen a cuestión de días la divulgación y extensión de cualquier nueva idea, lo que confiere a esta «revolución» un carácter global e inmediato, además de vertiginoso.

Es de prever que la Revolución de la Información se comporte como otras revoluciones anteriores. Puede que sea igual que lo fuera la Revolución Industrial o la Revolución de la Imprenta. En ambas, sus consecuencias más evidentes no se apreciaron hasta pasados, al menos, cincuenta años; por ello, quizá no nos equivoquemos si afirmamos que lo mismo ocurrirá con la Revolución de la Información.

Para acudir al primer referente histórico que podríamos encontrar, de similar magnitud e impacto, deberíamos retroceder hasta el siglo XV, y concretamente al año 1450, fecha de la invención de la imprenta por alemán Johannes Gutenberg. Desde aquel momento, y en poco más de medio siglo, más de dos millones de libros se distribuyen en toda Europa. En los primeros cincuenta años, se publicaron siete mil títulos y unos setenta años después la Biblia del alemán Lutero se convirtió en el inspirador de los *best sellers* al venderse miles de ejemplares.

La imprenta supuso el inicio de la modernidad. De pronto, hay una gran cantidad de personas que saben de otras experiencias y de otros lugares que hasta entonces ignoraban; el conocimiento se comparte, se expande y crece de manera exponencial. El impacto de este hecho produjo un cambio cualitativo en la organización social y del trabajo y en la historia de la propia especie humana: fue el comienzo de la modernidad[4].

Algo parecido ocurrió con la Revolución Industrial. El hecho de que la máquina de vapor, ideada por James Watt en 1776, se aplicara por primera vez en 1785 a la hilatura de algodón y redujera su precio en más de un 90 por ciento, fue sólo el inicio de una serie de cambios económicos que sucedieron de manera casi tan rápida como los que estamos viviendo ahora. En poco tiempo se automatizó una gran cantidad de procesos de fabricación. Pero el elemento definitorio de la Revolución Industrial no apareció en escena hasta 1829. Nos estamos refiriendo al ferrocarril; un avance que cambió para siempre la economía y la sociedad. Este producto (que no fue inventado para transportar mercancías, sino personas, ya que no es sino hasta cincuenta años después –allá por 1870 o 1880 en Estados Unidos– cuando se comenzó a usar para transporte de carga), transformó radicalmente la forma de vida y relación de la sociedad occidental y, podríamos decir, que fue el elemento auténticamente revolucionario de la industrialización, ya que cambió la geografía mental de las personas; reduce el tiempo y el espacio y permitió dominar la distancia de una manera hasta entonces desconocida.

Es de prever que con la Revolución de la Información pase algo similar. Podríamos casi decir que el ordenador es a la Revolución de la Información lo que la máquina de vapor de Watt fue a la Revolución Industrial y que el comercio electrónico es a la Revolución de la Información lo que el ferrocarril fue a la Revolución Industrial; si el ferrocarril hizo que la humanidad dominase la distancia, el comercio electrónico ha hecho que la distancia desaparezca.

---

[4] Casado González, J. M.: *El Valor de la Persona. Nuevos Principios para la Gestión del Capital Humano*, Prentice Hall, Madrid, 2003.

El fin de la industria

Alrededor de 1910 los productos agrícolas representaban cerca del 70 por ciento del comercio internacional, mientras que ahora no llega siquiera a un 15 por ciento. Después de la Segunda Guerra Mundial, el sector primario, es decir la agricultura, empleaba a más de un 25 por ciento de los trabajadores y generaba más de un 20 por ciento del producto nacional. Actualmente, la agricultura emplea al 3 por ciento de la fuerza de trabajo y aporta un 5 por ciento al producto nacional bruto. A la industria le está pasando prácticamente lo mismo. Los precios de productos manufacturados han ido bajando desde las década de los sesenta al ritmo de más de un 1 por ciento anualmente.

El precio relativo de un automóvil comparado con el de hace 30 años se ha reducido en un 40 por ciento. Igual sucede con la mayoría de los productos manufacturados, cuyos precios relativos han descendido en proporciones parecidas. Sin embargo, el precio de nuevos servicios básicos, como la educación o la sanidad, es tres o cuatro veces superior a la inflación. En el mismo sentido, el poder de compra de artículos manufacturados es tal vez una cuarta parte de lo que fuera hace 30 o 40 años.

Quizá sea porque el consumo también se está modificando. Pensemos en nosotros mismos: ¿cuánto gastamos en gimnasios, teléfonos móviles, ADSL, Internet, seguro sanitario privado, entretenimiento y diversión, educación de nuestros hijos, etc., en la actualidad y cuánto gastábamos hace 20 o 30 años? Evidentemente hemos incrementado el consumo de servicios en detrimento de los productos manufacturados.

La organización científica del trabajo del viejo Taylor, los principios de organización del trabajo de Fayol, así como la cadena de montaje de Ford y la estructura multidivisión de Sloan, entre otros avances, hicieron que desde la década de los cuarenta la industria haya triplicado su producción, en cambio –como ya hemos expuesto– los precios relativos de los productos han caído vertiginosamente. Pero en la misma dirección los costes laborales de la industria también han descendido ya que han pasado a representar sólo el 13 o 14 por ciento, cuando hace sólo unos 30 años representaban más del 30 por ciento. Quizá haya influido el hecho de que, por ejemplo y sólo en Estados Unidos, el empleo en la industria apenas supone el 17 por ciento de la fuerza de trabajo, cuando en 1950 era más del doble. Se prevé que la industria continúe aumentando su producción; sin embargo, el empleo industrial apenas supondrá un tímido 10 por ciento que, unido al 2 o 3 por ciento de la agricultura, no sumará ni un 13 por ciento de la población trabajadora; el resto, un 86 o 87 por ciento, trabajará en la industria del servicio del saber.

Así, mientras que los precios de productos manufacturados han bajado en casi un 50 por ciento, los del saber, la educación y la atención sanitaria han subido tres veces más rápido que la propia inflación.

Esto explica la aparición de nuevas iniciativas y nuevas empresas que hasta ahora no parecían negocios. Un ejemplo concreto podría ser el de las piscifactorías. Hace 30 años el salmón era casi el «bocado de los dioses»; una exquisitez sólo al alcance de algunos adinerados bolsillos. En la actualidad, es probablemente un alimento bastante corriente para la mayoría de los ciudadanos. Lo mismo sucede con la trucha o el rodaballo, que ya se crían en piscifactorías a gran escala.

El culto al cuerpo, la importancia de la imagen y la necesidad de sentirse bien y gustarse a uno mismo y a los demás, han generado una enorme demanda por los productos de belleza y los procedimientos que ayudan al individuo a estar «en forma». En este sentido, la proliferación de gimnasios y salas de *fitness* es enorme y el negocio que están generando es astronómico.

La educación profesional continua de adultos es probablemente el sector con más potencial de crecimiento para los próximos años; aunque es de esperar que gran parte de esta formación se transmita de manera distinta a la tradicional, puesto que mucha de ella se hará *on line*.

Asimismo, aparece un sector que en los Estados Unidos ya supone más del 14 por ciento del producto nacional bruto. Nos referimos al sector de cuidados y asistencia a personas disminuidas y/o mayores. Nuestra esperanza de vida ha aumentado enormemente en los últimos años, pero este gran avance hace que mucha gente necesite ayuda para tener una cierta calidad de vida. Hemos de esperar que esta demanda siga incrementándose en los próximos lustros; si no pensemos en lo que supondrá, en cuanto a curación o neutralización de patologías e incremento de esperanza de vida, el descubrimiento del genoma humano.

La nueva fuerza laboral

Los cambios generacionales, las variables demográficas y el desarrollo social han creado unas nuevas circunstancias que han alumbrado una fuerza de trabajo mucho más diversa y cualificada, que tiene necesidades sustancialmente distintas a las del pasado y que reclama respuestas más innovadoras. La fuerza de trabajo actual presenta los siguientes rasgos o características:

- ***Trabajadores con múltiples estilos de vida***: personas que prefieren, en muchas ocasiones, trabajar desde sus casas, sus pueblos natales, la mitad del tiempo, fines de semana, dos días a la semana, etc. Incluso el teletrabajo comienza a ser una buena opción para muchos profesionales que así lo eligen. En esta última opción se trata de trasladar el trabajo al trabajador en lugar del trabajador al trabajo, eliminando desplazamientos innecesarios para el trabajador y ahorrando costes para la empresa. Valga como ejemplo el caso de AT&T que desde 1991 ha conseguido cerca de 550 millones de dólares en flujo de caja –una mejora del 30 por ciento– eliminando algunas oficinas y agrupando otras. En Estados Unidos se estima que de 30 a 40 millones de personas trabajan ya desde sus casas[5].

  Nuevas estructuras familiares: familias monoparentales, personas divorciadas, separadas, etc. Sólo en nuestro país, si hacemos un comparativo entre 1991 y 2001 podemos apreciar que los ratios de población por estado civil han cambiado radicalmente. En 1991 había en España un total de 455.875 personas separadas y/o divorciadas; en el año 2001 esta cifra ha pasado a ser más del doble, 1.105.304.

  En Estados Unidos existe ya un 25 por ciento de mujeres con hijos que no están casadas, y más de un 5 por ciento de la población total son hombres sin pareja y con hijos. En relación con estos datos, en nuestro país el porcentaje de trabajadores sin pareja estable y con hijos es de la mitad. A

[5] APGAR IV, MAHLON: «El lugar de trabajo alternativo», *Harvard Business Review*, Equilibrando trabajo y vida, Deusto, Bilbao, 2002.

	Hombres		Mujeres	
	1991	2001	1991	2001
Solteros	9.206.434	9.309.447	8.356.147	8.205.861
Casados	9.205.865	9.478.690	9.250.572	9.399.340
Viudos	443.119	461.471	1.954.256	2.161.056
Separados	121.703	303.594	177.861	409.269
Divorciados	59.325	127.717	96.986	264.729
TOTAL	19.036.446	19.935.911	19.835.822	20.679.167

Gráfico 1: Población por Estado Civil

nivel mundial, se estima que en tres o cuatro años el 50 por ciento de los niños pertenecerán a una familia monoparental[6].

- ***Variedad étnica***: en Estados Unidos más del 25 por ciento de la mano de obra pertenece a una raza distinta a la blanca. En España, sólo observando los recientes movimientos migratorios y previendo los que verosímilmente se producirán en el futuro, en poco tiempo tendremos una sociedad más diversa e incluso mestiza, con una composición étnica más plural. Valga como ejemplo el crecimiento de la población inmigrante en nuestro país, que en poco más de diez años se ha quintuplicado. En 1991, la población de inmigrantes registrados era de 353.367 mientras que a finales de 2001 suponía 1.572.017.

  Según datos recientes, el Ministerio del Interior reconoce 1.600.000 inmigrantes registrados, pero los datos de empadronamiento sitúan ya la cifra en más de 2.600.000[7]. Diversas proyecciones, estiman que en unos 5 años la población emigrante en nuestro país supondrá un 12 por ciento del total.

- ***Envejecimiento de la fuerza de trabajo***: actualmente, cerca del 15 por ciento de la fuerza de trabajo tiene más de 55 años, y en 2007 este por-

[6] HERMAN, ROGER E. y GIOIA, JOYCE L.: *Lean & Meaningful: A New Culture for Corporate America*, North Carolina, Oakhill Press, 1998.

[7] *ABC*: Miércoles, 10 de marzo de 2004.

centaje prácticamente se habrá duplicado. Dentro de los aspectos de gestión de personas, habrá de tenerse en cuenta que el 40 por ciento de los empleados tienen a su cargo una persona de la llamada tercera edad, con necesidades concretas y especiales[8]. Además, Europa se lleva la peor parte. En 1950 habitaban en Europa un total de 234,7 millones de personas, nada menos que 82,4 millones más que en Estados Unidos, un 54 por ciento más. Hoy esta diferencia se ha reducido a 12,3 millones, lo que supone un 4 por ciento; siendo lo más grave –según las proyecciones–, que el declive demográfico de Europa se irá ahondando de tal forma que dentro de cinco años Estados Unidos tendrá más población que Europa, y esta diferencia se habrá acrecentado a 21 millones de personas en 2015 y a 119 millones en el año 2050.

España no es ajena a toda esta tendencia y –según la ONU– nuestro país se muere. En el caso español, el 18 por ciento de la población tiene más de 65 años, en el 2020 este porcentaje será el 21,1 por ciento y en el 2030 se situará en el 25,4 por ciento. Según los datos manejados por Naciones Unidas, la población española caerá de 41 millones en 2003 a 37 millones en 2050. Mientras tanto la esperanza de vida en nuestro país pasará de los 79 años a los 84 años. Estos cambios harán que el ciudadano medio tenga 52 años en vez de los 37 que tiene ahora y que la proporción de población entre 15 y 59 años pase del 64 al 47 por ciento, mientras que los mayores de 60 años pasarán a ser el 41 en vez del 21 por ciento que son ahora[9].

Algo parecido pasará, por ejemplo, en Alemania; ya que en estos momentos las personas mayores de 65 años representan ya una quinta parte de la población y hacia 2030 supondrán casi la mitad. Lo mismo ocurrirá en Japón. Las previsiones son también muy parecidas para Francia, Suecia, Italia, Países Bajos, e incluso China.

Comparto con Peter Drucker[10] la idea de que el problema no es que haya mucha gente mayor, sino que, en poco tiempo, habrá poca gente joven que

---

[8] Casado González, J. M.: *El Directivo del Siglo XXI*, Gestión 2000, 2.ª edición, Barcelona, 2001.

[9] Diario *Expansión*: «Riesgo demográfico e inversión», 10 de mayo de 2004.

[10] Drucker, P.: *La Empresa en la Sociedad que viene*, Empresa Activa, Madrid, 2003.

garantice el bienestar de muchas personas jubiladas. Nuestro índice de reposición de 1,2 hijos por mujer está muy lejos del ideal: 2,2 hijos por mujer. ¿Sabemos cómo vamos a gestionar este fenómeno?, ¿cómo será la fuerza de trabajo del futuro?, ¿qué composición tendrá?, etc.

Probablemente haya dos tipos de fuerza de trabajo: una de mayores de cincuenta años, que será cada vez mayor y otra menor de cincuenta que será cada vez menor. La primera no querrá –ni probablemente podrá– trabajar a jornada completa y la segunda necesitará un sueldo fijo y de manera permanente en una o distintas empresas. Estoy persuadido de que uno de los retos de las empresas para los próximos años va a ser crear nuevos modelos de empleo que atraigan y conserven al creciente número de personas de edad, y que serán profesionales del saber. Pero, además, ¿hay alguien en su sano juicio que pueda pensar en mantener la edad de jubilación a los 65 años? Ésa era una edad establecida en plena Revolución Industrial cuando la persona tenía una esperanza de vida de 67 o 68 años; es decir, el trabajador moría a los dos o tres años de haberse jubilado. No quiero parecer pájaro de mal agüero, pero mucho me temo que tendremos que prolongar nuestra contribución social al menos un lustro más. ¡Ah! Eso sí: los gobiernos y las empresas debemos ser innovadores y, al igual que probablemente existan dos fuerzas de trabajo distintas, habremos de tener dos o más sistemas retributivos diferentes[11].

Esta, llamada por algunos «revolución del pelo blanco», traerá también nuevas oportunidades que las empresas que sepan hacerlo podrán aprovechar. Las personas mayores podrán seguir prestando su conocimiento a una o varias empresas a la vez, aunque, lógicamente, con una dedicación menor y un modelo contractual diferente; pero qué duda cabe que conferirán una deseable mayor flexibilidad a la gestión empresarial.

- ***Incorporación de la mujer al mercado de trabajo***: Uno de los hechos más característicos del mercado laboral en las últimas décadas es la progresiva incorporación de la mujer al mercado de trabajo. La tasa de actividad femenina –mujeres que trabajan o que buscan empleo– se ha incrementado considerablemente en los últimos años.

[11] CASADO, J. M.: «Decálogo Etiológico de las Esquizofrenias Empresariales», *Harvard Deusto Business Review*, diciembre de 2003.

Para un gran número de empresas, ciertas características de este colectivo –que en algunos casos abandona el mundo laboral en el momento de formar una familia o de tener hijos– podrán resultar interesantes. Ello ha inducido a una política de atracción: ha aparecido una oferta de puestos de trabajo que resultan más atractivos para las mujeres que deciden dedicar más tiempo al entorno familiar. Estos puestos de trabajo se caracterizan fundamentalmente por la flexibilidad de horario y por el desempeño a tiempo parcial, permitiendo a las mujeres que así lo deseen compatibilizar de una forma más racional las obligaciones laborales con las tareas domésticas.

Hace tres o cuatro años se estimaba que en el año 2010 el 50 por ciento de la fuerza de trabajo total sería de sexo femenino. Nos hemos adelantado y, afortunadamente, hoy ya casi es así. Este crecimiento será mayor en países como España. En estos momentos, y según datos de la EPA[12], por primera vez en la historia del trabajo, la tasa de participación femenina supera el 40 por ciento, aunque aún queda lejos de algunos países europeos, cuya tasa de participación femenina es incluso del 53 por ciento[13]. Actualmente, el 60 por ciento de las mujeres desea hacer compatible su trabajo con la dedicación a su familia; otro 20 por ciento opta exclusivamente por la familia y el otro 20 por ciento restante, por su vida profesional[14].

Estos y otros cambios sociales, como el aumento del nivel educacional de los trabajadores, los cambios de actitudes ante el trabajo, el déficit de profesionales con talento, las distintas generaciones y la diversidad de la fuerza de trabajo, deberán ser temas que no sólo preocupen a las empresas, sino que habrán de ser asuntos de los que se ocupen los gobiernos y las organizaciones y con los que seguramente viviremos en los próximos lustros.

En definitiva, la gestión de personas –tema central de este texto y objeto último de AEDIPE– no puede continuar siendo lo que ha sido. Los cambios

---

[12] Encuesta de Población Activa (EPA).

[13] Diario *Expansión*, martes, 13 de noviembre de 2001.

[14] CHINCHILLA, N. y LEÓN, C.: *La Ambición Femenina: cómo re-conciliar Trabajo y Familia*, Aguilar, Madrid, 2004.

que hemos suscitado, así como la «diversidad diversa» de una fuerza de trabajo mucho más exigente y trigeneracional[15], obligarán a las empresas a gestionar grupos humanos con las siguientes características: el 75 por ciento tendrá a su cargo hijos de los que tendrán que ocuparse, un 40 por ciento del total cuidará a alguna persona mayor, y un 50 por ciento serán padre o madre sin pareja, estarán mucho más ilustrados, y poseerán una mayor cualificación y formación.

Tecnologías de la interacción de la vida humana

En esta sociedad, la de la información, caracterizada por las nuevas formas de organización del trabajo e integrada por nuevos perfiles de trabajadores, el conocimiento se consagra como la variable determinante del éxito de las empresas. Para las organizaciones será fundamental gestionar el desempeño de sus miembros, superando el concepto de productividad tradicional –asentado históricamente sobre la visión tangible de los bienes y servicios– y situarse en el de la productividad del conocimiento «accionariable[16]».

Muchos directores de empresa han fracasado en el intento de elevar la productividad de sus medios materiales y humanos, por el único medio de la tecnología informática. Aunque abundantes tesis señalan las ventajas de utilizar este nuevo milagro de la técnica –tesis que compartimos y de la que estamos convencidos–, numerosas experiencias prácticas han resultado un auténtico fracaso. Los nuevos medios que nos ofrece la tecnología no son en sí ni buenos ni malos. Todo depende del uso que les demos, del provecho que saquemos de ellos, dentro de nuestra organización.

---

[15] Los expertos hablan de tres generaciones en el trabajo que tienen valores y necesidades distintas: *Generación Baby Boomer* (nacidos antes de 1964 y educados sobre valores materiales), *Generación X* (nacidos del 1964 al 1972, preocupados por valores más inmateriales) y *Generación Y* (nacidos después del año 1972 y cuyos valores están más próximos a los planteamientos trascendentales).

[16] «Accionariable» es un término utilizado por Chris Argyris para determinar ese tipo de conocimiento que permite resolver un problema de negocio. Chris Argyris es un prestigioso catedrático emérito, profesor de Harvard University School y creador de la llamada «perspectiva de la teoría de la acción», expuesta magistralmente en su obra *Knowledge for Action. A Guide to Overcoming Barriers to Organizational Change* (Jossey Bass, San Francisco, 1993).

La verdad es que las tecnologías de la información deberían realmente llamarse de la relación o tecnologías-R; incluso sería más acertado hablar de tecnologías de la interacción humana, puesto que su finalidad es facilitar una relación interactiva entre hombre-ordenador, hombre-hombre, ordenador-hombre. Por ello, debería cambiarse el enfoque de orientación de las tecnologías de la información, que inicialmente se daba por sentado, por un enfoque que se centre en el ser humano y en la interacción de éste con la plataforma informática; por tanto, debe cambiarse el centro de gravedad de la ecuación Tecnologías de la Información; hemos de cambiar el énfasis de la «T», tecnologías, al de la «I», de información[17].

Michel Schrage, del Centro Sloan para la Coordinación de la Ciencia del MIT[18], recomienda: «es preciso que cambiemos la idea de tecnología como gestión de la información por otra noción que presente la tecnología como medio para la relación»[19]. En la misma dirección opina el economista francés Albert Bressand, quien dice que «los datos que se procesan en los ordenadores no son bienes o productos materiales, sino relaciones y transacciones»[20]; ya que lo que facilitan, en definitiva, es el establecimiento de redes de intercomunicación y relación entre proveedores y usuarios.

El primer requisito para que las tecnologías supongan un verdadero apoyo interactivo, es que estén diseñadas para el usuario, para el trabajador, y por ello deben ser usables o amigables[21]. La usabilidad de los medios tecnológicos, por parte de las personas que trabajan en una organización, es de capital importancia; sin embargo, muy pocos teóricos han dedicado suficiente atención a este tema y no siempre las empresas lo tienen suficientemente en cuenta.

---

[17] BROWN, CRAINER, DEARLOVE y RODRIGUES: *Business Minds*, Prentice Hall, Madrid, 2002.

[18] WINSLOW, CH. D. y BRAMER, WILLIAM, L.: *La Nueva Organización del Trabajo: Sistemas de Información en la Economía del Conocimiento,* Deusto, Bilbao, 1995.

[19] KELLY, K.: *New Rules for the New Economy: 10 Radical Strategies for a Connected World*, Nueva York, Viking, 1998.

[20] SCHWARTZ, P.: «R-Tech», *Wired Review*, 1998.

[21] Término nuevo utilizado como traducción libre de *user-friendly*.

Si estudiamos la historia de los sistemas informáticos en las últimas décadas, comprobaremos que los medios físicos han rebasado la capacidad de los medios lógicos, que no están a la altura de la potencia de los primeros. En cambio, estos mismos medios lógicos han superado la capacidad de las personas para utilizarlos de forma eficaz. En el mundo de la tecnología informática, se ha implantado rápidamente el ciclo innovación-cambio-mejora; y la moderna empresa, el moderno centro de trabajo, es el lugar donde primero se pone a prueba la mayor parte de esas innovaciones. Para bien o para mal, el trabajador moderno ha participado en el gran experimento de comprobar los efectos de la tecnología informática sobre la productividad, la eficacia y la calidad. Pero, las potentes tecnologías informáticas tienen un impacto positivo sobre el rendimiento de los trabajadores sólo si son diseñadas desde el punto de vista del ser humano.

Más que reorganizar la empresa, reinventar la fábrica o rediseñar los procesos empresariales, lo que viviremos será la reinvención de la forma de trabajar. Para ello, hay que ayudar a los empleados para que rindan al máximo nivel, de manera que toda la empresa pueda ofrecer también el mejor resultado posible.

Lo que debemos hacer, por tanto, es aprovechar los medios tecnológicos existentes, de forma que apoyen el trabajo que se hace ahora, introduciendo nuevas herramientas, en el momento preciso y en la cantidad e intensidad que necesita el trabajador. Sin embargo, puesto que las exigencias y necesidades de los trabajos crecen, es necesario establecer, para el futuro, una infraestructura de conocimiento que ayude al trabajador a aprender, a desarrollarse y a cambiar, en línea con las demandas del mercado. En definitiva, apoyar ahora a las personas de la empresa y ayudarlas a prepararse para el futuro.

Este apoyo en los tiempos que corren ya puede incluso ser personalizado, en función de los objetivos de trabajo, de la formación, de la capacidad o de las preferencias del propio individuo. Los portales de empleados y el *e-learning* son un buen ejemplo de ello. De esta forma, las tecnologías proporcionan al trabajador intelectual los medios necesarios para cumplir una tarea concreta, aunque no la haya realizado antes. El sistema le apoya para que pueda ejecutarla correcta y rápidamente; sin embargo, no debemos olvidar que la interacción tiene que ser fácil, atractiva e incluso divertida.

Por tanto, lo que nos queda por vivir es que los avances tecnológicos continúen, se incrementen, pero siendo cada vez más naturales para el ser humano.

Los rentistas de capacidades

Hay un tema que se nos escapa con demasiada frecuencia en las empresas: cada día son más las personas que trabajan para una empresa pero que realmente no son parte o no pertenecen a dicha empresa. Nos referimos a aquellos profesionales gestionados por empresas de trabajo temporal.

En los últimos 10 o 15 años hemos visto en nuestro país la aparición y crecimiento de este tipo de corporaciones. Sólo en Estados Unidos hay cerca de siete mil empresas de este tipo. Por poner un ejemplo concreto, la mayor empleadora no gubernamental, la suiza Adecco, coloca cada día 700.000 personas como eventuales en todas partes del mundo. Según estimaciones de The National Organization of Professional Employer Organizations, este tipo de empresas cada día gestiona más de 2.500.000 de trabajadores[22].

Así, las empresas de trabajo temporal están ampliando sus servicios y hoy ya se pueden tener sustitutos temporales para casi todos los puestos de una organización, desde administrativos hasta directores generales, desde directores de fabricación hasta anestesistas, etc., pero: ¿quién gestiona a estos profesionales?, ¿cuál es el papel que desempeña la dirección tradicional de RR.HH.?, ¿quién les motiva, quién les paga y quién les promociona o les despide? Sin duda estas empresas gestoras de empleo se encargan de gestionar a estos trabajadores y de satisfacer las necesidades de sus empresas clientes.

Está claro que algo no encaja con la organización tradicional. ¿Quién es el jefe de este trabajador temporal? ¿Quién dirige al trabajador autónomo, al *freelance* o a aquellos otros trabajadores que acuerdos de *outsourcing* prestan sus servicios en el seno de nuestra empresas? Hay algo que ya no se sostiene en el enfoque tradicional de gestión de personas en el que hacen aguas las funciones convencionales de los departamentos de RR.HH.

[22] DRUCKER, P.: *Op. cit.*

El rol de la dirección de personas

Ante estas tendencias que hemos señalado, ¿alguien en su sano juicio podría pensar en mantener una función de RR.HH. igual que la que hoy tenemos? Es evidente que no. Si alguna de las funciones dentro de las organizaciones cambiará, ésa será sin lugar a duda la relacionada con la gestión de personas.

Para ello, quizá en estos momentos, lo que deben hacer las organizaciones es reflexionar sobre ¿qué es y qué significa su personal?, ¿constituyen recurso o capital?, y hacerlo con mayor energía, vitalidad y asumiendo una cierta dosis de riesgo, para superar la visión tradicional, que como hemos indicado está ciertamente trasnochada. Esta primera reflexión puede parecer trivial pero es indispensable para realizar una gestión moderna del capital humano; ello supone superar la miope concepción tradicional de considerar a las personas como un recurso (algo a lo que se recurre como apoyo), para pasar a contemplarlo como capital (activo utilizado para crear más valor y riqueza). Si a las personas las consideramos realmente como lo que son, estaremos hablando de capital, de una fuente generadora de riqueza y, por tanto, debemos otorgar a su gestión la prioridad y el valor estratégico que verdaderamente les corresponde.

Estoy totalmente convencido de que los problemas nuevos que presentará lo que nos queda por vivir no se resolverán con las soluciones viejas. Por ello, es importante que las propuestas que hagamos las realicemos desde un punto de vista diferente e innovador.

En primer lugar, viviremos una mayor preocupación por todos los temas relacionados con la gestión del capital humano. Y esta preocupación es ya en la actualidad incluso mayor en los directores generales que en los propios directivos responsables del área de RR.HH. Así se desprende de una investigación mundial denominada *The High-Performance Workforce Study*[23].

Como podemos comprobar en este Gráfico 1 sólo los aspectos relacionados con la atención al cliente superan –en el caso de nuestro país– a las otras cuatro prioridades estratégicas relacionadas con la gestión de personas.

---

[23] *The High-Performance Workforce Study*. Accenture y NOP World, 2003.

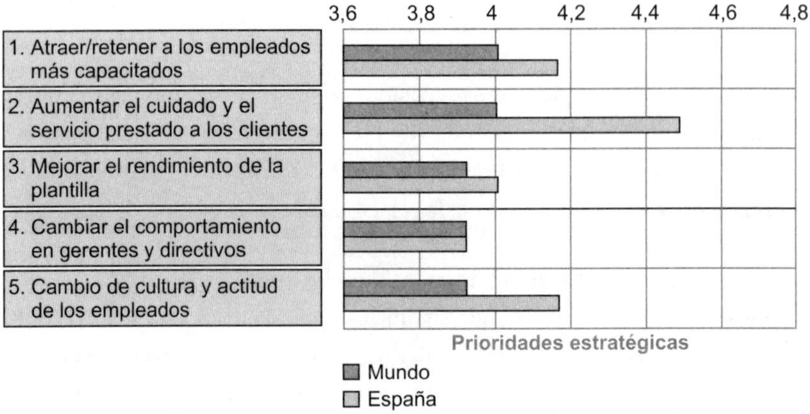

Gráfico 2: ¿Qué les quita el sueño a los directivos?

Asimismo, hemos de señalar que aparentemente los españoles estamos aún más preocupados por estos temas que nuestros homólogos de los países participantes en el estudio[24].

Otro aspecto significativo de este estudio es que sitúa la función de RR.HH. en tercer lugar de importancia para las empresas, detrás de la función comercial y de atención al cliente. En el estudio, un 40 por ciento de los entrevistados eran presidentes, consejeros delegados o directores generales, y un 60 por ciento eran directores de RR.HH.; pues bien, como antes subrayábamos, el máximo nivel directivo considera la función de gestión de personas más importante aún que los propios responsables del área de RR.HH.

Además de preocuparnos por el capital humano, en segundo lugar, debemos erradicar, cuanto antes, el viejo principio de que la gestión de personas es sólo y únicamente responsabilidad del área de RR.HH. La gestión de personas es crítica y debe residir en la línea de negocio; quizá deba continuar existiendo un área central que, con una filosofía de oferta, facilitación y ayuda, provea de herramientas a la línea para la mejor gestión de los profesionales; aunque deba ser un área delgada, fina, pequeña y con pocas personas, pero muy cualificadas; profesionales capaces de ofrecer soluciones de valor al negocio, que es donde realmente el trabajador vive y donde aparecen los problemas de operaciones.

En definitiva, y como requisito, la Gestión de Personas deberá estar progresivamente, no sólo más cerca de la dirección del negocio, sino integrada en

[24] Alemania, Australia, España, Francia, reino Unido y EE.UU.

la operativa del día a día de la empresa. De lo contrario, no se percibirá su aportación y se perderá una oportunidad tanto para esta área como para la dirección general, puesto que la organización no estará en disposición de utilizar su capital humano como ventaja competitiva diferencial.

En tercer lugar, estoy persuadido de que si unimos las áreas de *marketing*, comunicación y RR.HH. en una sola, consideramos a nuestros profesionales como clientes internos y les aplicamos las técnicas que utilizamos para conocer, retener y fidelizar a nuestros clientes externos, estaremos en un camino que marcará la diferencia respecto a la competencia.

En cuarto lugar –y este texto es una apología para ello–, es hora de que las áreas de Gestión de Personas utilicen las soluciones que las tecnologías de la información ofrecen para mejorar la relación, comunicación, satisfacción y desempeño de los profesionales. No se puede competir sin tecnología y el área de RR.HH. no es una excepción.

En quinto lugar, debemos ser capaces de buscar la relación entre los resultados del negocio y la gestión del capital humano. Gestionar el capital emocional es el factor crítico para conseguir la motivación de los empleados, y las empresas deben ser conscientes de ello. Las empresas que lo están haciendo bien han generado en torno a un 25 por ciento más de dividendos para sus accionistas que aquellas otras que no lo hacen; además, según diversos estudios, estas organizaciones que apuestan por la gestión del capital humano con una visión holística e integral y consideran la faceta emocional como un elemento clave para su éxito obtienen un 15 por ciento más de beneficios que sus competidores.

Por último, y para poder hacer bien aquello que la organización necesita –resolver problemas de rendimiento–, los departamentos de gestión de personas pueden y deben comenzar a externalizar todos los procesos administrativos y transaccionales en los que estas áreas invierten ingentes cantidades de tiempo y dinero y apenas les producen valor; se estima que, como media, más del 60 por ciento del tiempo de las personas que trabajan en estas áreas se dedica a funciones transaccionales, tareas meramente administrativas y repetitivas[25].

---

[25] De acuerdo con Jac-Fitz-Enz, fundador del Saratoga Institute, «tan sólo el 10 por ciento de las funciones del departamento de RR.HH. de las empresas aporta valor. El otro 90 por ciento, corresponde a funciones de carácter transaccional».

Los departamentos de gestión de personas están obligados a dar un salto cualitativo importante en su forma de operar. Es urgente rediseñar las funciones de las tradicional área de RR.HH. y abordar el ciclo de vida de las personas en la empresa desde una perspectiva más holística y coherente con el momento actual.

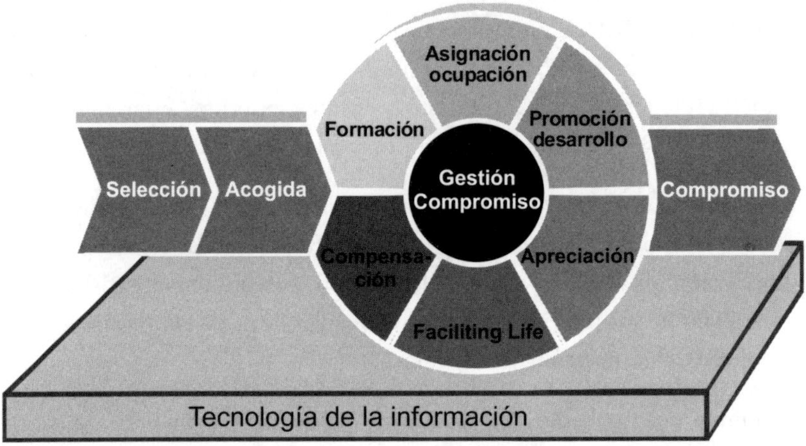

Gráfico 3: Ciclo de vida de los RR.HH. en la empresa.

En definitiva y de forma inmediata, los departamentos de gestión de personas tendrán oportunidades concretas de contribuir a este nuevo paradigma de organización, trabajando con nuevos enfoques y modelos, y basando sus políticas y acciones sobre las arquitecturas tecnológicas, las cuales permiten aprovechar las posibilidades y ventajas que las tecnologías de la información y sus herramientas asociadas nos ofrecen.

Últimos apuntes para la gestión de lo más importante

¿Le suenan los nombres de los investigadores Schultz, Becker, Heckman, Kahneman y Smith, etc.?, seguro que sí. Todos son conocidos como ilustres economistas y todos también han recibido el Premio Nobel de Economía. Seguramente usted ya sabía que son conocidos por haber sido merecedores de tan insigne galardón, pero… ¿conoce en qué sustentan parte de sus tesis fundamentales? Todos y cada uno de ellos, al igual que otro gran número de personalidades del mundo económico, sostienen que el capital humano es el elemento imprescindible para el éxito económico de las sociedades. Sus obras son una apología de la importancia del activo humano por encima de cualquier otro para el desarrollo económico y social.

Theodore W. Schultz fue el pionero en utilizar el término de «capital humano» en un artículo que publicó en la *Américan Economic Review* con el título «Investment in Human Capital» y fue uno de los primeros en llamar la atención sobre la necesidad de considerar a la persona como capital –fuente generadora de riqueza, en vez de como recurso– algo intercambiable y con el mismo valor en cualquier lugar o situación.

Igualmente, Gary Becker, premiado en 1992, ha dicho, en más de una ocasión, que «el siglo XXI, lejos de ver el descenso de la importancia del capital humano, verá su expansión» y ha reiterado la necesidad de que las organizaciones pongan en marcha una contabilidad específica para medir sus inversiones en capital humano. Por su parte, en el año 2000 James J. Heckman saboreaba las mieles del premio y aseguraba que la verdadera ventaja de una sociedad reside en la preparación de su gente y sentenció: «Si puedo coger tus productos y hacerlos más baratos, si los recursos naturales pueden comprarse a precios asequibles y en todo el mundo, si nos pueden prestar capital y la tecnología puede copiarse, ¿qué te queda?: gente preparada». Por último, en 2002 el premio fue otorgado a Daniel Kahneman y a Vernon L. Smith por sus trabajos sobre cómo la psicología influye en los comportamientos de las personas y cómo éstos afectan a la economía.

Podríamos poner muchos más ejemplos, pero no lo vamos a hacer. Si le merecen respeto y credibilidad las personalidades que hemos citado, ¿por qué no seguimos sus sabios consejos?, ¿por qué no les prestamos un poco más de atención y comenzamos a medir dicho capital aunque sea difícil? Sorpréndase, el 94 por ciento de los directivos consideran que la gestión de activos intangibles es una de las funciones más importantes de la empresa de nuestros días; sin embargo, el 95 por ciento de las compañías afirma no tener un sistema adecuado y fiable para medir el rendimiento de los activos intangibles.

El sistema contable actual hace aguas y es incapaz de reflejar el valor real de la empresa. Las cuestiones que deberíamos plantearnos serían: si esto es así, ¿por qué el mundo de las organizaciones continúa moviéndose por la aproximación cuantitativa?, ¿por qué no existen más iniciativas empresariales que persigan cuantificar el valor de este intangible? y ¿por qué no se reconoce que lo que más cuenta no debe estar a merced de lo que menos importa?

Estoy convencido de que en lo que nos queda por vivir el esfuerzo de las empresas se centrará en cuantificar el más importante de sus activos: sus personas. Si usted no está totalmente convencido, recuerde que, ya en 1776, año de la revolución americana, Adam Smith, al publicar su gran obra *Investigación sobre la naturaleza y causas de la riqueza de las naciones*, echó por tierra parte de los planteamientos imperantes del mercantilismo y de los fisiócratas, y nos advertía que «la verdadera riqueza de los pueblos reside fundamentalmente en sus personas y su creatividad».

Conclusión

A lo largo de este epílogo o, incluso si lo prefieren, hipótesis por describir lo que nos queda por vivir, hemos centrado parte de la argumentación en los cambios sociales más estrechamente relacionados con el mundo del trabajo y lo hemos hecho deliberadamente, ya que –como hemos comentado al principio– consideramos que los cambios sociales terminarán determinando la vida dentro de las organizaciones.

En los últimos cuarenta o cincuenta años han dominado las cuestiones económicas; en las próximas décadas prevalecerán las cuestiones sociales. Hasta ahora los negocios se hacían con la concurrencia de dos sectores: los poderes públicos y las empresas; ahora se necesita también la aquiescencia y participación de la sociedad civil.

Las organizaciones tienen el reto de empezar a gestionar las cosas de otra forma. Ya no sirven los esquemas del pasado, es necesario inventarse un nuevo orden, con reglas y capacidades distintas. Pero, ¿qué deben hacer los responsables de las organizaciones para afrontar este enorme reto?, ¿qué han de hacer los directivos que quieran sobrevivir en este agitado tercer milenio?

Un anuncio televisado de Ronald Reagan, en 1984, decía: «Hay un oso en los bosques. Algunas personas pueden verlo fácilmente, otras no distinguen nada. Unos dicen que es grande y fiero, otros que es pequeño y manso. Algunos dicen que está domesticado y otros que es salvaje. Unos dicen que existe y lo han visto, otros que no existe y nunca lo vieron. Como nadie puede saber con certeza quién tiene razón, ¿no es lo más inteligente estar preparado para cazar al oso... si existiera?».

Esta anécdota, que alude al periodo de guerra fría contra el imperio soviético es comparable al momento que vivimos. El oso puede ser hoy una metáfora aplicable a la creciente competencia y la globalización de los mercados, y nos sugiere que debemos prepararnos, mejorar y buscar fórmulas que nos permitan vencer en este nuevo hábitat.

Quizá los cambios que venimos vaticinando en estas páginas no se produzcan nunca. Tal vez no sean tan radicales y profundos, pero aun así, lo más sensato, por si llegaran a producirse, es que estemos preparados. Esta preparación será crítica para disfrutar del progreso que deberá traer consigo lo que nos queda por vivir.